[Wissen für die Praxis]

Weiterführend empfehlen wir:

Grundlagen der Eingruppierung TVöD und TV-L
ISBN 978-3-8029-1523-9

Das Stelleninterview zur Eingruppierung
ISBN 978-3-8029-1526-0

Stellenbeschreibung für den öffentlichen und kirchlichen Dienst
ISBN 978-3-8029-1524-6

Das gesamte Eingruppierungsrecht
ISBN 978-3-8029-7999-6

E-Mail: WALHALLA@WALHALLA.de
http://www.WALHALLA.de

Walhalla Fachverlag · Haus an der Eisernen Brücke · 93042 Regensburg
Telefon 0941 5684-0 · Telefax 0941 5684-111

WALHALLA

Annett Gamisch · Thomas Mohr

Eingruppierung TVöD-Bund in der Praxis

Die wesentlichen Tätigkeitsmerkmale nach der Entgeltordnung des Bundes

3., aktualisierte Auflage

Bibliografische Information der Deutschen Nationalbibliothek
Die Deutsche Nationalbibliothek verzeichnet diese Publikation in der Deutschen Nationalbibliografie; detaillierte bibliografische Daten sind im Internet über www.dnb.de abrufbar.

Zitiervorschlag:
Annett Gamisch, Thomas Mohr, Eingruppierung TVöD-Bund in der Praxis
Walhalla Fachverlag, Regensburg 2024

Hinweis: Unsere Werke sind stets bemüht, Sie nach bestem Wissen zu informieren. Alle Angaben in diesem Buch sind sorgfältig zusammengetragen und geprüft. Durch Neuerungen in der Gesetzgebung, Rechtsprechung sowie durch den Zeitablauf ergeben sich zwangsläufig Änderungen. Bitte haben Sie deshalb Verständnis dafür, dass wir für die Vollständigkeit und Richtigkeit des Inhalts keine Haftung übernehmen.
Bearbeitungsstand: Oktober 2024

3., aktualisierte Auflage

Produktion: Walhalla Fachverlag, 93042 Regensburg
Printed in Germany
ISBN 978-3-8029-1519-2

Schnellübersicht

Die Entgeltordnung bleibt in Bewegung

Annähernd zehn Jahre sind vergangen, bis für den Bund die Reform des Bundes-Angestelltentarifvertrags (BAT) vorerst abgeschlossen wurde. Zum 01.01.2014 trat die Entgeltordnung mit dem „Tarifvertrag über die Entgeltordnung des Bundes" (TV EntgO Bund) in Kraft.

Der Bund knüpfte mit seiner Entgeltordnung – wie auch die Länder – an die bewährten Regeln des BAT an. Viel Neues war den Tarifvertragsparteien nicht eingefallen. Es blieb (fast) alles beim Alten, was nach der harschen Kritik am alten BAT doch so manchen überraschte. Etwas reformfreudiger waren da die kommunalen Tarifvertragsparteien mit der Entgeltordnung zum TVöD-VKA. Ihre Reformen haben nach wie vor auch Auswirkungen auf die anderen Tarifwerke des öffentlichen Dienstes. So wurden die Eingruppierungsregeln des TVöD-Bund in den letzten Jahren systematisch an die des TVöD-VKA angepasst. Die Tarifverträge nähern sich – gerade in grundsätzlichen Fragen der Eingruppierung – wieder an, was in Zeiten des Fachkräftemangels auch nachvollziehbar ist.

Mit diesem Praxis-Handbuch erklären wir verständlich die Regelungen des TV EntgO Bund für den Verwaltungsdienst (Teil I) sowie die allgemeinen Tätigkeitsmerkmale für die ehemaligen Arbeitertätigkeiten (Teil II). Es baut auf dem Buch „Grundlagen der Eingruppierung TVöD und TV-L" auf, das den Weg zur tarifkonformen Eingruppierung darstellt. Als Praktiker können Sie es aber auch unabhängig davon lesen und gewinnbringend einsetzen.

Den Leserinnen und Lesern dieses Buchs wollen wir eine schnelle und zuverlässige Hilfe an die Hand geben. Ausschließlich im Interesse der Lesefreundlichkeit verwenden wir daher die männliche Sprachform.

Fulda

Annett Gamisch *Thomas Mohr*

Abkürzungen

a. A.	anderer Ansicht
a. a. O.	am angegebenen Ort
a. F.	alte Fassung
Abs.	Absatz
AP	Arbeitsrechtliche Praxis, Nachschlagewerk des Bundesarbeitsgerichts (Zeitschrift)
ArbG	Arbeitsgericht
ArbSchG	Arbeitsschutzgesetz
AuA	Arbeit und Arbeitsrecht (Zeitschrift)
AVR.Bayern	Arbeitsvertragsrichtlinien des Diakonischen Werkes Bayern
BAG	Bundesarbeitsgericht
BAT	Bundes-Angestelltentarifvertrag
BAT-B/L	Bundes-Angestelltentarifvertrag (Bund, Länder)
BBiG	Berufsbildungsgesetz
BetrVG	Betriebsverfassungsgesetz
BezTV	Bezirkstarifvertrag
BGB	Bürgerliches Gesetzbuch
BMT-G II	Bundesmanteltarifvertrag für Arbeiter gemeindlicher Verwaltungen und Betriebe
BPersVG	Bundespersonalvertretungsgesetz
BT-V	Besonderer Teil Verwaltung
BVerwG	Bundesverwaltungsgericht
bzgl.	bezüglich
bzw.	beziehungsweise
ca.	circa
DÖD	Der Öffentliche Dienst (Zeitschrift)
EG	Entgeltgruppe
etc.	et cetera
EzBAT	Entscheidungssammlung zum BAT
f., ff.	folgende
FG	Fallgruppe
GewO	Gewerbeordnung
ggf.	gegebenenfalls
Hess. LAG	Hessisches Landesarbeitsgericht
HSchG	Hessisches Schulgesetz
HwO	Handwerksordnung
i. V. m.	in Verbindung mit
KMK	Kulturministerkonferenz der Länder

KSchG	Kündigungsschutzgesetz
LAG	Landesarbeitsgericht
LAG BW	Landesarbeitsgericht Baden-Württemberg
LehbildG M-V	Lehrerbildungsgesetz Mecklenburg-Vorpommern
LG	Lohngruppe
MTArb	Manteltarifvertrag für Arbeiterinnen und Arbeiter des Bundes und der Länder
MTB II	Manteltarifvertrag für Arbeiter des Bundes
m. w. N.	mit weiteren Nachweisen
Nds. LAG	Landesarbeitsgericht Niedersachsen
NPersVG	Niedersächsisches Personalvertretungsgesetz
Nr./Nrn.	Nummer/n
NZA	Neue Zeitschrift für Arbeitsrecht (Zeitschrift)
NZA-RR	Neue Zeitschrift für Arbeitsrecht – Rechtsprechungsreport (Zeitschrift)
o. g.	oben genannt
OVG	Oberverwaltungsgericht
OWiG	Gesetz über Ordnungswidrigkeiten
PE	Protokollerklärung
PersR	Der Personalrat (Zeitschrift)
PersV	Die Personalvertretung (Zeitschrift)
RiA	Recht im Amt (Zeitschrift)
Rn.	Randnummer
S.	Seite
s. o.	siehe oben
s. u.	siehe unten
Sächs. LAG	Sächsisches Landesarbeitsgericht
SGB II	Zweites Buch Sozialgesetzbuch – Grundsicherung für Arbeitsuchende –
SGB IV	Viertes Buch Sozialgesetzbuch – Gemeinsame Vorschriften für die Sozialversicherung –
SGB V	Fünftes Buch Sozialgesetzbuch – Gesetzliche Krankenversicherung –
SGB XII	Zwölftes Buch Sozialgesetzbuch – Sozialhilfe –
sog.	sogenannt
StGB	Strafgesetzbuch
StPO	Strafprozeßordnung
StVO	Straßenverkehrs-Ordnung
TV EntgO Bund	Tarifvertrag über die Entgeltordnung des Bundes

TVAL II	Tarifvertrag für die Arbeitnehmer bei den Stationierungsstreitkräften im Gebiet der Bundesrepublik Deutschland
TV-L	Tarifvertrag für den öffentlichen Dienst der Länder
TVöD	Tarifvertrag für den öffentlichen Dienst
TVöD-VKA	Tarifvertrag für den öffentlichen Dienst – Vereinigung der kommunalen Arbeitgeberverbände
TVÜ-Bund	Tarifvertrag zur Überleitung der Beschäftigten des Bundes in den TVöD und zur Regelung des Übergangsrechts
TVÜ-Länder	Tarifvertrag zur Überleitung der Beschäftigten der Länder in den TV-L und zur Regelung des Übergangsrechts
TVÜ-VKA	Tarifvertrag zur Überleitung der Beschäftigten der kommunalen Arbeitgeber in den TVöD und zur Regelung des Übergangsrechts
TV-V	Tarifvertrag für Versorgungsbetriebe
TzBfG	Teilzeit- und Befristungsgesetz
Unterabs.	Unterabsatz
VG	Vergütungsgruppe
VGH BW	Verwaltungsgerichtshof Baden-Württemberg
vgl.	vergleiche
WoGG	Wohngeldgesetz
WKRS	Wolters Kluwer Rechtsprechungsdatenbank, Online-Ressource
z. B.	zum Beispiel
ZMV	Die Mitarbeitervertretung (Zeitschrift)
zit.	zitiert
ZPO	Zivilprozessordnung
ZTR	Zeitschrift für Tarifrecht (Zeitschrift)

Das Eingruppierungsrecht im Überblick

1. Aus Alt macht Neu

1 Die Eingruppierungsregeln übernehmen im Wesentlichen die Idee des alten Tarifrechts zur Regelung der Eingruppierung. Doch nicht alles ist beim Alten geblieben, es sind auch wichtige Neuregelungen zu beachten (nähere Ausführungen zur Umsetzung der neuen Entgeltordnung siehe auch BMI-Rundschreiben D 5 – 31003/2#4: Durchführungshinweise zu den neuen Eingruppierungsvorschriften vom 24.03.2014; in jeweils aktueller Fassung abrufbar unter: www.bmi.bund.de/RundschreibenDB/DE/2017/RdSchr_20170127.html).

Checkliste: (Alte) Neuregelungen im § 12 TVöD-Bund	
§ 22 BAT – Altregelung	**§ 12 TVöD-Bund – Neuregelung**
Tarifautomatik: Der Beschäftigte „ist" eingruppiert...	
... nach Maßgabe der aus-zu-übenden Tätigkeit	
... die auf Dauer und nicht nur vorübergehend übertragen worden ist.	
Maßgeblich ist die gesamte Tätigkeit	
... gegliedert nach Arbeitsvorgängen	... auch für Arbeiter und die Entgeltgruppe 1
... und mit Zeitanteilen.	
Bestimmender Zeitanteil ist die Hälfte (= 50 Prozent) ...	
... sofern kein abweichender Zeitanteil bestimmt wird (1/3 usw.).	
Zusammenfassende Betrachtung	
Die Vergütungsgruppe ist im Arbeitsvertrag (deklaratorisch) anzugeben.	Die Entgeltgruppe ist im Arbeitsvertrag (deklaratorisch) anzugeben.
Faktisch kann ohne tarifkonforme Stellenbeschreibung nicht eingruppiert werden ...	... wobei der Tarifvertrag die Regelung der Stellenbeschreibung weiterhin unterlässt.

Checkliste: (Alte) Neuregelungen im TV EntgO Bund	
Anlage 1a zu § 22 BAT – Altregelung	**Tarifvertrag über die Entgeltordnung des Bundes (TV EntgO Bund)**
Die Vergütungsordnung ist Anlage 1a zum BAT.	Die Entgeltordnung ist Anlage zum TV EntgO Bund, der als eigenständiger Tarifvertrag neben die § 12 ff. TVöD-Bund tritt.
Mit allgemeinen und speziellen Tätigkeitsmerkmalen ...	... jetzt strukturiert in zwei allgemeine (Teil I und II) und vier spezielle Teile (Teile III bis VI).
Lehrer sind von den Eingruppierungsregeln ausgenommen, soweit nicht ausdrücklich ein besonderes Tätigkeitsmerkmal vereinbart ist (Vorbemerkung Nr. 5 zu allen Vergütungsgruppen der Anlage 1a zu § 22 BAT).	Keine Geltung für Lehrer, soweit nicht ausdrücklich ein besonderes Tätigkeitsmerkmal vereinbart ist (§ 1 Abs. 2 Buchst. a) TV EntgO Bund).
	Die Eingruppierung für Beschäftigte im Sozial- und Erziehungsdienst ist in Anlage 5 Nr. 10 TVÜ-Bund separat geregelt.
Die Anlage 1a gilt nicht für Arbeitertätigkeiten.	Für Arbeitertätigkeiten gilt Teil II der EntgO Bund, soweit die Tätigkeit nicht ausdrücklich in den Teilen III bis VI benannt wird und ... ... sofern nicht eine Tätigkeit im Sinne der Anlage 5 Nr. 11 TVÜ-Bund vorliegt.
Der Allgemeine Teil (Teil I) der Vergütungsordnung enthält nicht nur allgemeine Tätigkeitsmerkmale, sondern auch Beispiele für bestimmte Berufsgruppen (Archiv- und Bibliotheksdienst, Ingenieure, Forscher).	Der Teil I enthält nur noch allgemeine Tätigkeitsmerkmale für den Verwaltungsdienst. Alle Tätigkeitsmerkmale für bestimmte Berufsgruppen (z. B. Archiv- und Bibliotheksdienst, Ingenieure, Forscher) werden in Teil III gesondert geregelt.

Checkliste: (Alte) Neuregelungen im TV EntgO Bund	
Anlage 1a zu § 22 BAT – Altregelung	**Tarifvertrag über die Entgeltordnung des Bundes (TV EntgO Bund)**
	Der Teil I erfüllt eine Doppelfunktion, er umfasst 1. die Eingruppierung im Verwaltungsdienst 2. und ist Auffangbecken für alle nicht speziell geregelten Tätigkeiten (§ 3 Abs. 4 und Niederschriftserklärung zu § 3 Abs. 4 TV EntgO Bund)
ggf. sind Unterstellungsverhältnisse eingruppierungsrelevant	

1

Praxis-Tipp:

Der gemeinsame BAT-Bund/Länder ist Vergangenheit. Gleichwohl besteht weiterhin eine inhaltliche Nähe der Tätigkeitsmerkmale des TVöD-Bund zum TV-L!

Checkliste: TVöD-Bund/TV EntgO Bund und TV-L	
TVöD-Bund/TV EntgO Bund	**TV-L**
Die Grundsätze der Eingruppierung …	… sind vom Regelungsinhalt weitgehend identisch (§§ 12, 13 TVöD-Bund/TV-L).
Die Leichtlohngruppe Entgeltgruppe 1 …	… wird endgültig eingeführt, wobei auch für diese Arbeitsvorgänge zu bilden sind.
Beide Systeme gliedern nach …	… Berufsgruppen.
Die auf den Grundsätzen der Eingruppierung aufbauenden Regeln werden im eigenständigen TV EntgO Bund bestimmt, …	… der TV-L regelt diese in Anlage A zum TV-L.
Allgemeine Tätigkeitsmerkmale für den Verwaltungsdienst sind auch in Entgeltgruppe 7 geregelt, …	… während der TV-L diese in den Allgemeinen Tätigkeitsmerkmalen für den Verwaltungsdienst nicht kennt.

Checkliste: TVöD-Bund/TV EntgO Bund und TV-L	
TVöD-Bund/TV EntgO Bund	**TV-L**
Ab Entgeltgruppe 5 enthalten die Allgemeinen Tätigkeitsmerkmale für den Verwaltungsdienst ausbildungsbezogene Tätigkeitsmerkmale (z. B. Entgeltgruppe 5 Fallgruppe 1), …	… die (mittlerweile) auch der TV-L kennt.

Wichtig: Die Reformen in den Eingruppierungsregelungen des TVöD-Bund der letzten Jahre zeigen, dass auch eine Harmonisierung der Eingruppierungsbestimmungen im Vergleich zum TVöD-VKA erfolgt ist.

Der TV EntgO Bund führte mit Entgeltgruppe 1 die neue Leichtlohngruppe endgültig ein (vgl. Gamisch/Mohr, gEG, IV D.1.2, IV D.3.2). Damit sollten die besonderen wirtschaftlichen Rahmenbedingungen berücksichtigt werden.

Outsourcing gehört(e) auch im öffentlichen Dienst zur Normalität. Der Kostendruck beim Personal führt(e) zur Auslagerung einfacher Tätigkeiten an externe Dienstleister. Die neue Leichtlohngruppe soll diese Tendenz stoppen – und umkehren: Ziel der neuen Entgeltgruppe 1 im TVöD-Bund ist das Insourcing. Die ersten Entscheidungen der Arbeitsgerichte wurden noch zum Übergangsrecht getroffen.

Zweifel am Erfolg der Idee sind danach durchaus berechtigt. Mit der Entgeltgruppe 1 im TVöD-Bund wurde eine Leichtlohngruppe geschaffen, die unterhalb der bislang niedrigsten Lohngruppe des alten Tarifvertrags der Arbeiter angesiedelt ist.

Neue Tätigkeitsmerkmale im Teil I finden sich lediglich in den Entgeltgruppen 2 bis 4. Ansonsten wurde das Bestehende reformiert. Die befürchtete (oder erhoffte) Revolution blieb aus. Das spiegelt sich insbesondere in der faktischen Trennung der Belegschaft in „Angestellte“ und „Arbeiter“ wider. Für Letztere gelten generell der Teil II bzw. die Beispiele der Teile III bis VI TV EntgO Bund mit eigenständigen Regelungen.

2. Die Struktur der Entgeltordnung

Gleichwohl wurde mit der Neuregelung die Chance genutzt, den bislang recht unübersichtlichen Allgemeinen Teil um alle berufsgruppenspezifischen Merkmale „zu erleichtern" (Archiv- und Bibliotheksdienst, Apotheker, Forschung, Kassendienst, Registraturen, Ingenieure). Diese Tätigkeitsmerkmale sind jetzt – strukturell überzeugender – im Teil III des TV EntgO Bund geregelt, der nun einheitlich alle berufsbildbezogenen Tätigkeiten zusammenfasst. Die Teile IV bis VI TV EntgO Bund treffen spezielle Regeln für einzelne Bundesministerien.

Die §§ 12 und 13 TVöD-Bund bestimmen, „wie" die Eingruppierung ermittelt wird. Die Eingruppierungsregeln „an sich" werden im TV EntgO Bund, einem gegenüber dem Manteltarifvertrag eigenständigen Tarifvertrag, geregelt. Der Mantel des TV EntgO Bund befasst sich über §§ 12, 13 TVöD-Bund hinaus mit speziellen Grundfragen der Eingruppierung, die eigentliche Entgeltordnung wird in Anlage 1 zum TV EntgO Bund geregelt.

Das System der Eingruppierung im TVöD-Bund

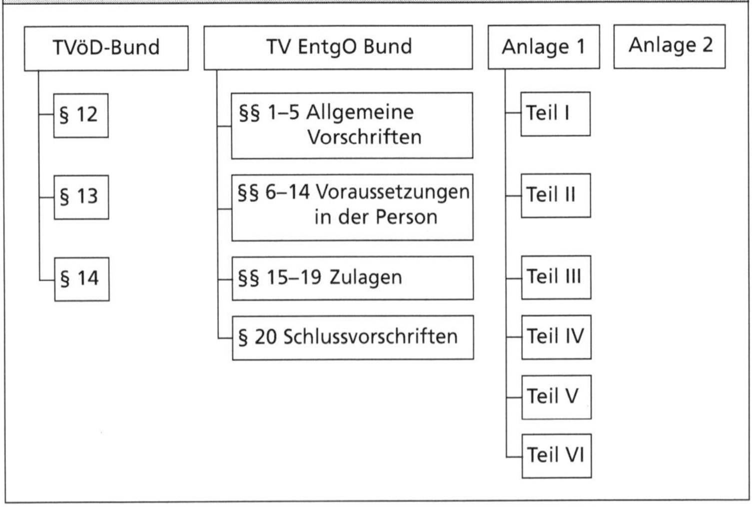

Quelle: IPW – Institut für PersonalWirtschaft GmbH

Damit gliedert sich die Entgeltordnung in sechs Teile:

Gliederung der Entgeltordnung

Teil I	**Allgemeine Tätigkeitsmerkmale für den Verwaltungsdienst**
Teil II	**Allgemeine Tätigkeitsmerkmale für körperlich/handwerklich geprägte Tätigkeiten**
Teil III	**Tätigkeitsmerkmale für besondere Beschäftigtengruppen**
1.	Apothekerinnen und Apotheker
2.	Beschäftigte in Archiven, Bibliotheken, Büchereien, Museen und anderen wissenschaftlichen Anstalten
3.	Ärztinnen und Ärzte sowie Zahnärztinnen und Zahnärzte
4.	Ausbilderinnen und Ausbilder in Betrieben und Werkstätten
5.	Fachangestellte für Bäderbetriebe sowie geprüfte Meisterinnen und Meister für Bäderbetriebe
6.	Baustellenaufseherinnen und -aufseher sowie Bauaufseherinnen und -aufseher
7.	Bauzeichnerinnen und -zeichner sowie technische Systemplanerinnen und -planer
8.	Berechnerinnen und Berechner von Amts-, Dienst- und Versorgungsbezügen sowie von Entgelten
9.	Botinnen und Boten sowie Pförtnerinnen und Pförtner
10.	Fahrerinnen und Fahrer
11.	Systemtechnikerinnen und -techniker in der Fernmeldetechnik
12.	Beschäftigte in der Forschung
13.	Beschäftigte im Forstdienst
14.	Fotografinnen und Fotografen
15.	Fotolaborantinnen und -laboranten
16.	Beschäftigte im Fremdsprachendienst
16.1	Fremdsprachenassistentinnen und -assistenten (Fremdsprachensekretärinnen und -sekretäre)
16.2	(weggefallen)
16.3	Konferenzdolmetscherinnen und -dolmetscher
16.4	Überprüferinnen und Überprüfer, Übersetzerinnen und Übersetzer, Terminologinnen und Terminologen sowie Lexikografinnen und Lexikografen
16.5	Sprachlehrerinnen und -lehrer beim Bundessprachenamt und im Bereich des Auswärtigen Amtes
17.	Gartenbau-, landwirtschafts- und weinbautechnische Beschäftigte

18. Geprüfte Gärtnermeisterinnen und -meister
19. Beschäftigte in der Instandhaltung und Bedienung von Gebäude- und Betriebstechnik
20. Geschäftsstellenverwalterinnen und -verwalter, Beschäftigte in Serviceeinheiten sowie Justizhelferinnen und -helfer bei Gerichten und Staatsanwaltschaften
21. Beschäftigte in Gesundheitsberufen
21.1 Audiologie-Assistentinnen und -Assistenten
21.2 Desinfektorinnen und Desinfektoren sowie Gesundheitsaufseherinnen und -aufseher
21.3 Diätassistentinnen und -assistenten
21.4 Ergotherapeutinnen und -therapeuten
21.5 Lehrkräfte in Gesundheitsberufen
21.6 Logopädinnen und Logopäden
21.7 Masseurinnen und medizinische Bademeisterinnen und Masseure und medizinische Bademeister
21.8 Medizinische Fachangestellte und zahnmedizinische Fachangestellte
21.9 Medizinisch-technische Assistentinnen und Assistenten sowie medizinisch-technische Gehilfinnen und Gehilfen
21.10 Orthoptistinnen und Orthoptisten
21.11 Pharmazeutisch-kaufmännische Angestellte
21.12 Pharmazeutisch-technische Assistentinnen und Assistenten
21.13 Physiotherapeutinnen und -therapeuten
21.14 Präparationstechnische Assistentinnen und Assistenten sowie Sektionsgehilfinnen und -gehilfen
21.15 Psychologisch-technische Assistentinnen und Assistenten
21.16 Zahntechnikerinnen und -techniker
21.17 Beschäftigte im Rettungsdienst
22. Haus- und Hofarbeiterinnen und -arbeiter
23. Hausmeisterinnen und Hausmeister
24. Beschäftigte in der Informationstechnik
25. Ingenieurinnen und Ingenieure
26. (weggefallen)
27. Beschäftigte im Kassendienst
28. Beschäftigte in der Konservierung, Restaurierung und Grabungstechnik
28.1 Beschäftigte in der Konservierung und Restaurierung
28.2 Beschäftigte in der Grabungstechnik
29. Küchenhilfskräfte und Buffethilfskräfte
30. Laborantinnen und Laboranten sowie Werkstoffprüferinnen und -prüfer

31. Fachkräfte für Lagerlogistik, Fachlageristinnen und -lageristen sowie Magazinwärterinnen und -wärter
32. Geprüfte Meisterinnen und Meister
33. Modellbauerinnen und -bauer sowie Modelltischlerinnen und -tischler
34. Operateurinnen und Operateure, Strahlenschutztechnikerinnen und -techniker sowie Strahlenschutzlaborantinnen und -laboranten in Kernforschungseinrichtungen
35. Redakteurinnen und Redakteure
36. Beschäftigte in Registraturen
37. Reinigerinnen und Reiniger
38. Reproduktionstechnische Beschäftigte
39. Schweißerinnen und Schweißer
40. Beschäftigte in der Steuerverwaltung
41. Technikerinnen und Techniker
42. Technische Assistentinnen und Assistenten
43. Tierärztinnen und -ärzte
44. Tierpflegerinnen und -pfleger
45. Vermessungstechnikerinnen und -techniker, Geomatikerinnen und Geomatiker sowie Messgehilfinnen und -gehilfen
46. Vorlesekräfte für Blinde und besondere Hilfskräfte für sonstige schwerbehinderte Menschen
47. Wächterinnen und Wächter
48. Weitere Beschäftigte

Teil IV Besondere Tätigkeitsmerkmale im Bereich des Bundesministeriums der Verteidigung

Teil V Besondere Tätigkeitsmerkmale im Bereich des Bundesministeriums für Digitales und Verkehr

Teil VI Besondere Tätigkeitsmerkmale im Bereich des Bundesministeriums des Innern

Wichtig: Diese Kommentierung befasst sich mit den Teilen I und II.

Anders als im TV-L und anderen Tarifverträgen des öffentlichen Dienstes existieren keine Vorbemerkungen zu allen Teilen der Entgeltordnung. „Allgemeine Vorschriften" im Sinne solcher genereller Regeln werden stattdessen im Mantel des TV EntgO Bund aufgestellt:

1

Checkliste: Allgemeine Vorschriften	
TV EntgO Bund	**Inhalt**
§ 1 Abs. 1	Geltungsbereich
§ 1 Abs. 2	Ausnahmen vom Geltungsbereich
§ 2 Abs. 1	Geltung der Tätigkeitsmerkmale mit Hinweis auf Anlage 1
§ 2 Abs. 2	Tätigkeitsmerkmale mit Bezugnahme auf andere Entgeltgruppen
§ 2 Abs. 3	Definition der körperlich/handwerklich geprägten Tätigkeiten
§ 3 Abs. 1 Satz 1 bis 3	Geltung der Teile IV bis VI
§ 3 Abs. 1 Satz 4 und 5	Grundsatz der Spezialität der Teile IV bis VI und Analogieverbot
§ 3 Abs. 2	Konkurrenz der Teile IV bis VI gegenüber Teil III und Analogieverbot für Teil I und Teil II
§ 3 Abs. 3	Konkurrenz der Teile III bis VI gegenüber Teil II und Analogieverbot für Teil I
§ 3 Abs. 4 Satz 1	Auffangfunktion des Teils I
§ 3 Abs. 4 Satz 2	Begrenzung der Auffangfunktion für die EG 2 bis 12
§ 3 Abs. 4 Satz 3	Auffangfunktion des Teils I für Tätigkeiten von Beschäftigten mit wissenschaftlicher Hochschulbildung und sonstige Beschäftigte
§ 3 Abs. 5	Geltung der Entgeltgruppe 1 für alle Teile
§ 4	Definition „Ständiger Vertreter"
§ 5	Unterstellungsverhältnisse

Checkliste: Voraussetzungen in der Person	
TV EntgO Bund	**Inhalt**
§ 6	Voraussetzungen in der Person als Konkretisierung zu § 12 Abs. 2 Satz 6 TVöD-Bund
§ 7	Definition wissenschaftliche Hochschulbildung
§ 8	Definition Hochschulbildung
§ 9	Definition technische Hochschulbildung
§ 10	Definition geprüfter Meister und staatlich geprüfter Techniker
§ 11	Definition Berufsausbildung

Checkliste: Voraussetzungen in der Person	
TV EntgO Bund	**Inhalt**
§ 12	Eingruppierung bei Nichterfüllung einer Vorbildungs- oder Ausbildungsvoraussetzung
§ 13	Verwaltungseigene Prüfungen mit Hinweis auf Anlage 2
§ 14	Übergangsregelungen für DDR-Abschlüsse
§ 15 ff.	Zulagenregelungen ...

3. Der Geltungsbereich des TVöD-Bund

Der TVöD-Bund i. V. m. dem TV EntgO Bund regelt das Arbeits- und Eingruppierungsrecht des Bundes (siehe § 1 TV EntgO Bund), jedoch sind diese Tarifverträge nicht allgemeinverbindlich. Sie gelten für das Arbeitsverhältnis nur, wenn die Parteien des Arbeitsvertrages tarifgebunden sind oder im Arbeitsvertrag auf den TVöD-Bund Bezug genommen wird. Andere Arbeitgeber können einzelvertraglich die Geltung der Tarifverträge vereinbaren. Zuwendungsempfänger des Bundes werden durch das Haushaltsrecht gezwungen, ihre Beschäftigten ebenso wie der Zuwendungsgeber zu vergüten.

Gemäß § 1 Abs. 1 TV EntgO Bund werden die Beschäftigten des Bundes erfasst, die unter den Geltungsbereich des TVöD-Bund fallen. In § 1 Abs. 2 TVöD-Bund werden abschließend diejenigen Beschäftigten aufgezählt, für die der Tarifvertrag keine Anwendung findet.

Das sind gemäß § 1 Abs. 2 Buchstabe b) TVöD-Bund zunächst die außertariflich vergüteten Arbeitnehmer. Anstelle einer Entgeltgruppe gilt das im Arbeitsvertrag vereinbarte Arbeitsentgelt.

Für geringfügig Beschäftigte gemäß § 8 Abs. 1 Nr. 1 SGB IV gilt der TVöD-Bund uneingeschränkt. Diese müssen deshalb eingruppiert werden. Die Regelung des 77. Änderungstarifvertrags zum BAT, wonach Beschäftigungszeiten von geringfügig Beschäftigten nicht gelten, wenn sie vor dem 01.01.2002 zurückgelegt worden sind, verstößt gegen § 4 TzBfG und ist unwirksam (vgl. BAG 25.04.2007, 6 AZR 746/06, ZTR 2007, S. 492 = NZA 2007, S. 881). Umstritten ist, ob der gemäß § 1 Abs. 2 Buchstabe m) TVöD-Bund vorgesehene Ausschluss von kurzfristig Beschäftigten nach § 8 Abs. 1 Nr. 2 SGB IV rechtmäßig ist. Deren Herausnahme soll nicht gegen § 4 Abs. 1 TzBfG verstoßen, weil diese Mitarbeiter nicht zwingend Teilzeitbeschäftigte sein müssen. Sollte der Ausschluss rechtmäßig sein, was wir bezweifeln, würde das allgemeine Arbeitsrecht Anwendung finden.

4. Sonderfall: Das Eingruppierungsrecht der Lehrer

Die Regelung des § 1 Abs. 2 Buchstabe a) TV EntgO Bund zeigt, dass es den Tarifvertragsparteien nicht gelungen ist, sich über das Eingruppierungsrecht der Lehrer zu einigen. Der BAT-B/L enthielt eine planmäßige Lücke, weshalb Analogien zum Eingruppierungsrecht des BAT-B/L und TV-L unzulässig sind. Gleiches gilt für den reformierten TVöD-Bund.

Die Grundlagen der Eingruppierung

1. § 12 TVöD-Bund

Die Grundlage der Eingruppierung ist § 12 TVöD-Bund. Diese Vorschrift regelt grundsätzlich, „wie" einzugruppieren ist. Im TV EntgO Bund werden diese Vorgaben ergänzt. „Wo" der Arbeitnehmer eingruppiert ist, folgt aus der Anlage 1 TV EntgO Bund.

§

2

§ 12 TVöD-Bund

(1) [1]Die Eingruppierung der/des Beschäftigten richtet sich nach dem Tarifvertrag über die Entgeltordnung des Bundes (TV EntgO Bund). [2]Die/Der Beschäftigte erhält Entgelt nach der Entgeltgruppe, in der sie/er eingruppiert ist.

(2) [1]Die/Der Beschäftigte ist in der Entgeltgruppe eingruppiert, deren Tätigkeitsmerkmalen die gesamte von ihr/ihm nicht nur vorübergehend auszuübenden Tätigkeit entspricht. [2]Die gesamte auszuübende Tätigkeit entspricht den Tätigkeitsmerkmalen einer Entgeltgruppe, wenn zeitlich mindestens zur Hälfte Arbeitsvorgänge anfallen, die für sich genommen die Anforderungen eines Tätigkeitsmerkmals oder mehrerer Tätigkeitsmerkmale dieser Entgeltgruppe erfüllen. [3]Kann die Erfüllung einer Anforderung in der Regel erst bei der Betrachtung mehrerer Arbeitsvorgänge festgestellt werden (z. B. vielseitige Fachkenntnisse), sind diese Arbeitsvorgänge für die Feststellung, ob diese Anforderung erfüllt ist, insoweit zusammen zu beurteilen. [4]Werden in einem Tätigkeitsmerkmal mehrere Anforderungen gestellt, gilt das in Satz 2 bestimmte Maß, ebenfalls bezogen auf die gesamte auszuübende Tätigkeit, für jede Anforderung. [5]Ist in einem Tätigkeitsmerkmal ein von Satz 2 oder 4 abweichendes zeitliches Maß bestimmt, gilt dieses. [6]Ist in einem Tätigkeitsmerkmal als Anforderung eine Voraussetzung in der Person der/des Beschäftigten bestimmt, muss auch diese Anforderung erfüllt sein.

Protokollerklärungen zu Absatz 2:

1. [1]Arbeitsvorgänge sind Arbeitsleistungen (einschließlich Zusammenhangsarbeiten), die, bezogen auf den Aufgabenkreis der/des Beschäftigten, zu einem bei natürlicher Betrachtung abgrenzbaren Arbeitsergebnis führen (z. B. unterschriftsreife Bearbeitung eines Aktenvorgangs, eines Widerspruchs oder eines Antrags, Betreuung bzw. Pflege einer Person oder Personengruppe, Fertigung einer Bauzeichnung, Erstellung eines EKG, Durchführung einer Unterhaltungs- bzw. Instandsetzungsarbeit). [2]Jeder einzelne Arbeitsvorgang ist als solcher zu bewerten und darf dabei hinsichtlich der Anforderungen zeitlich nicht aufgespalten werden.
2. Eine Anforderung im Sinne der Sätze 2 und 3 ist auch das in einem Tätigkeitsmerkmal geforderte Herausheben der Tätigkeit aus einer niedrigeren Entgeltgruppe.

(3) Die Entgeltgruppe der/des Beschäftigten ist im Arbeitsvertrag anzugeben.

2. Summarische/Analytische Bewertung

§ 12 TVöD-Bund sieht ein sogenanntes summarisches Bewertungsverfahren vor. Dabei erfolgt zunächst eine qualitative Gesamteinschätzung der an den Arbeitnehmer gestellten Anforderungen anhand vorgegebener Bewertungskriterien (Tätigkeitsmerkmale). Bei diesen handelt es sich im Wesentlichen um die Merkmale Kenntnisse bzw. Ausbildung, Fähigkeiten und Verantwortung. Sie bestimmen den Schwierigkeitsgrad der Aufgabenstellung. Diese werden in einem weiteren Schritt quantifiziert, indem die unterschiedlichen Schwierigkeitsgrade der Arbeiten zueinander ins Verhältnis gesetzt und unterschiedlichen Entgeltgruppen zugeordnet (katalogisiert) werden.

Dieses Modell ist von der sogenannten analytischen Stellenbewertung abzugrenzen; beide Modelle dürfen nicht miteinander vermengt werden. Beim sogenannten analytischen Verfahren, das regelmäßig bei der Dienstpostenbewertung der Beamten eingesetzt wird, erfolgt keine qualitative Gesamteinschätzung der übertragenen Tätigkeit. Vielmehr werden die qualitativen Anforderungen an die Arbeit durch mehrere Einzelmerkmale in ihren (wesentlichen) Einzelheiten beschrieben. Der Schwierigkeitsgrad der zu erbringenden Arbeitsleistung wird aus einer qualitativen Analyse dieser arbeitsbestimmenden Einzelmerkmale (z. B. Können, Belastung, Verantwortung, Arbeitsbedingungen) ermittelt. Die Quantifizierung (Einstufung) richtet sich dann nach dem sogenannten Rangreihenverfahren oder dem Stufenwertzahlverfahren (einführend siehe Gamisch/Mohr, gEG, IV B.2.2; vertiefend Scholz, S. 849 ff.).

Das von der Gewerkschaft ver.di angedachte Mischmodell (vgl. Fieg/Rothländer, ZTR 2008, S. 410 ff.) hat sich nicht durchgesetzt.

Praxis-Tipp:

§ 12 TVöD-Bund trifft wie § 22 BAT-B/L und § 12 TV-L/TVöD-VKA für die Eingruppierung eine bindende und abschließende Regelung, die sich als summarische Arbeitsbewertung darstellt. Das BAG hat entschieden, dass eine analytische Stellenbewertung, wie sie bei Beamten vorgenommen wird, im Geltungsbereich des BAT nicht anwendbar ist (vgl. BAG 15.02.1971, 4 AZR 147/70, AP Nr. 38 zu §§ 22, 23 BAT; BAG 14.08.1985, 4 AZR 21/84, AP Nr. 109 zu §§ 22, 23 BAT 1975).

Da § 12 TVöD-Bund die Bestimmungen des § 22 BAT im Wesentlichen fortführt, gilt dies somit auch für das Eingruppierungsrecht im TVöD-Bund.

3. Grundsatz der Tarifautomatik

Auch im TVöD-Bund gilt weiterhin der sogenannte Grundsatz der Tarifautomatik: Der Mitarbeiter „wird" nicht, vielmehr „ist" er in eine Entgeltgruppe eingruppiert (vgl. § 12 Abs. 1 Satz 2 TVöD-Bund). Es erfolgt somit kein „Eingruppierungsakt", sondern eine „automatische" Eingruppierung. Man spricht in diesem Zusammenhang von einem „Akt der Rechtsanwendung", mit dem die Äußerung einer Rechtsansicht durch den Arbeitgeber verbunden ist (vgl. BAG 05.07.2023, 4 AZR 289/22 m. w. N., AP Nr. 7 zu § 29a TVÜ; BAG 02.06.2021, 4 AZR 387/20, AP Nr. 7 zu § 12 TV-L).

Nach diesem Modell kann es folglich keine falsche Eingruppierung geben, sie ist immer korrekt. Es ist eine andere Frage, ob der Arbeitgeber das tarifgerechte Ergebnis erkannt hat (vgl. Gamisch/Mohr, Grundlagen, Kapitel 2.1; Gamisch/Mohr, gEG, IV B.4 m. w. N.). Objektive Fehler bei der Eingruppierung können deshalb grundsätzlich mit einer sogenannten korrigierenden Herabgruppierung beseitigt werden (vgl. Gamisch/Mohr, gEG, IV B.13.3).

4. Regelmäßig auszuübende Tätigkeit

Der Tarifvertrag stellt nach wie vor auf die regelmäßig aus-zu-übende Tätigkeit ab. Die aus-ge-übte Tätigkeit ist weiterhin ohne Bedeutung. Die Rechtslage gleicht dem TV-L und TVöD-VKA.

Die **auszuübende Tätigkeit** ist die vom Arbeitgeber übertragene Tätigkeit. Sie ergibt sich regelmäßig aus dem Arbeitsvertrag. Für die Eingruppierung sind somit allein die Tätigkeiten maßgeblich, die der Arbeitgeber auf Basis des Arbeitsvertrags übertragen und im Rahmen seines Direktionsrechts ggf. weiter konkretisiert hat (vgl. BAG 24.09.2015, 2 AZR 680/14, AP Nr. 165 zu § 2 KSchG 1969, ZTR 2016, S. 275 ff. m. w. N.).

Praxis-Tipp:

Da ein Arbeitnehmer nur mit seiner Zustimmung zum Abfallbeauftragten (hier in einem kommunalen Krankenhaus) bestellt werden kann, scheidet – soweit entsprechendes nicht bereits im Arbeitsvertrag vorgesehen ist – eine Aufgabenzuweisung im Wege des Direktionsrechts aus. Durch die Bestellung einzelner Arbeitnehmer zu Funktionsbeauftragten im bestehenden Arbeitsverhältnis wird vielmehr der Arbeitsvertrag nach Maßgabe der gesetzlichen Bestimmungen um die mit diesem Amt verbundenen Aufgaben erweitert. Nimmt der Arbeitnehmer das Angebot durch Übernahme der Tätigkeit an und dokumentiert er damit sein Einverständnis mit der Bestellung, wird der Arbeitsvertrag für die Zeitspanne der Amtsübertragung entsprechend geändert und angepasst. Wird die Bestellung wirksam widerrufen oder entfällt das Funktionsamt auf andere Weise, ist die Tätigkeit nicht mehr Bestandteil der vertraglich geschuldeten Leistung. Eine Abberufung muss – als einseitige Leistungsbestimmung des Arbeitgebers – billigem Ermessen nach § 315 BGB entsprechen. Das ist nur dann nicht erforderlich, wenn sich die vertragsschließenden Parteien auf eine „freie Widerruflichkeit" der Amtsübertragung geeinigt haben.

(vgl. BAG 18.10.2023, 5 AZR 68/23, AP Nr. 115 zu § 315 BGB)

Für die Ermittlung der übertragenen (auszuübenden Tätigkeit) kommt es auch nicht darauf an, welche Aufgaben die einzelnen Beschäftigten ausüben, weil dies schon in der Vergangenheit zu ihren Aufgaben gehörte oder weil sonst Aufgaben nicht erledigt werden. Entscheidend sind der Arbeitsvertrag und die im Rahmen des Direktionsrechts zugewiesenen Tätigkeiten. Der Beschäftigte kann sich daher eingruppierungsrechtlich nicht auf die von ihm tatsächlich wahrgenommenen Tätigkeiten, auch wenn sie höher zu bewerten sind, berufen. Auch kann sich der Beschäftigte eine Tätigkeit selbst nicht zuweisen (vgl. LAG SLH 30.01.2018, 2 TaBV 19/17, ZTR 2018, S. 580 ff.).

Damit stellt sich die Frage, wer diese Arbeitgeberfunktion innehat. Das ist in der Regel die Personal- bzw. Organisationsabteilung als personalbewirtschaftende Stelle. Überträgt hingegen ein dazu nicht befugter (Fach-)Vorgesetzter einem Beschäftigten höherwertige Tätigkeiten, führt dies nicht zu einem tariflichen Anspruch auf höhere Vergütung, da die höherwertige Tätigkeit aufgrund der unsachgemäßen Übertragung nicht zur auszuübenden Tätigkeit geworden ist. Der automatische Anspruch auf eine tarifkonforme Vergütung setzt somit erst dann ein, wenn die entsprechenden Tätigkeiten durch das sachlich zuständige Organ der Dienststelle übertragen oder zumindest stillschweigend geduldet wurden (vgl. BAG 05.05.1999, 4 AZR 360/98, AP Nr. 268 zu §§ 22, 23 BAT 1975; LAG Köln 20.01.2016, 11 Sa 460/15, zit. nach WKRS 2016, 39125).

Statten Arbeitgeber bestimmte leitende Mitarbeiter mit einer solchen Vertretungsmacht zur Übertragung von (höherwertigen) Tätigkeiten aus, müssen sie sich das vertragsrechtlich zurechnen lassen. Eine solche Zurechnung setzt aber voraus, dass der Mitarbeiter auf das Vorliegen einer solchen Bevollmächtigung bzw. die Billigung des Handelns des leitenden Mitarbeiters als Arbeitgebervertreter trauen darf. Teilt der Arbeitgeber dem Mitarbeiter aber schriftlich mit, dass eine bestimmte Stelle/Abteilung – und nicht der leitende Mitarbeiter – die personalbewirtschaftende Stelle ist, liegt kein solcher Vertrauenstatbestand vor (vgl. BAG 16.04.2015, 6 AZR 242/14, AP Nr. 2 zu § 14 TVöD, ZTR 2015, S. 439 ff.).

Wichtig: Der öffentliche Arbeitgeber sollte deshalb für klare Zuständigkeiten sorgen.

Dabei soll nur die auszuübende Tätigkeit eine Rolle bei der Eingruppierung spielen, die dem Mitarbeiter **„nicht nur vorübergehend“**, sondern auf Dauer übertragen wurde und die er damit regelmäßig ausüben soll. Diese Tätigkeiten sind abzugrenzen von solchen Tätigkeiten, die dem Mitarbeiter nur vorübergehend übertragen werden.

Wichtig: Der Arbeitgeber hat somit zwei Möglichkeiten, höherwertige Tätigkeiten zu übertragen:

- Fallen Tätigkeiten nicht dauerhaft für den Mitarbeiter an, erfolgt die Übertragung im Rahmen des § 14 Abs. 1 TVöD-Bund – bzw. eventuell auch nach § 32 Abs. 3 TVöD-Bund, wenn es sich um eine entsprechende Führungsfunktion handelt – und löst gemäß §§ 14 bzw. 32 TVöD-Bund eine Zulagenzahlung aus (zur Anwendung der §§ 14 und 32 siehe BAG 16.01.2020, 6 AZR 287/19, AP Nr. 1 und BAG 28.10.2021, 6 AZR 9/21, AP Nr. 2, beide zu § 32 TVöD).
- Handelt es sich um regelmäßig und damit auf Dauer anfallende Tätigkeiten, führt deren Übertragung zur Eingruppierung nach § 12 TVöD-Bund.

Maßgeblich ist der bei der Übertragung der Tätigkeit zum Ausdruck kommende Wille des Arbeitgebers. Aus ihm muss sich ergeben, ob die Tätigkeit auf Dauer oder nur vorübergehend übertragen werden soll (vgl. BAG 22.06.2022, 4 AZR 440/21, AP Nr. 15 zu § 12 TVöD m. w. N.).

Dabei stellt die Übertragung einer höherwertigen Tätigkeit auf Dauer den Regelfall dar. Demgegenüber ist die vorübergehende Übertragung nach § 14 TVöD-Bund die Ausnahme und erfordert deshalb einen ausreichenden Grund, um billigem Ermessen (§ 106 GewO i. V. m. § 315 BGB) zu entsprechen. Allein die mögliche Unsicherheit über die Dauer der Beschäftigungsmöglichkeit mit den übertragenen höherwertigen Tätigkeiten reicht nicht aus. Die Regelung des § 14 TVöD-Bund kann nicht dafür herangezogen werden, die Ungewissheit über die Dauer der weiteren Beschäftigungsmöglichkeit auf den Mitarbeiter zu verlagern. Die Anwendung des § 14 TVöD-Bund setzt vielmehr hinreichend gesicherte Planungs- und Prognosegrundlagen voraus. Eine bloße Grundsatzentscheidung über Aufgabenverlagerungen ohne entsprechende zeitliche und sonstige weitere Konkretisierungen reicht nicht (BAG 04.07.2012, 4 AZR 759/10, AP Nr. 1 zu § 14 TVöD).

Zusammenfassend ist für die Eingruppierung zunächst die vom Arbeitgeber dauerhaft übertragene Tätigkeit maßgeblich, während folgende Aspekte für die Eingruppierung keine Rolle spielen:

Unerheblich für die Eingruppierung

- Stellenplan
- Stellenanzeigen und Ausschreibungstexte
- Angabe der Entgeltgruppe im Arbeitsvertrag
- ausgewiesene Stellen im Haushalts- oder Stellenplan
- Beschlüsse politischer Gremien
- Bewertungen von Stellenbewertungskommissionen
- Einarbeitungszeit
- Eingruppierung vergleichbarer (früherer) Beschäftigter (Angestellte, Arbeiter, Beamte)
- Eingruppierungsrichtlinien einer Tarifvertragspartei
- Geschäftsverteilungspläne
- Qualität der geleisteten Arbeit
- Quantität der geleisteten Arbeit
- Schlüsselqualifikationen (z. B. Kontaktfähigkeit, Phantasie, Eigeninitiative, Verhandlungsgeschick)

(vgl. Gamisch/Mohr, gEG, IV B.4.2 m. w. N.)

§ 12 TVöD-Bund schreibt weiter vor, dass im Rahmen der Tarifautomatik zur Bewertung der Tätigkeit Arbeitsvorgänge gebildet werden, denen Zeitanteile zuzuordnen sind.

Wichtig: Die Protokollerklärung zu § 3 TV EntgO Bund stellt klar:

Protokollerklärung zu § 3 TV EntgO Bund

Die Geltung von Tätigkeitsmerkmalen der einzelnen Teile ist für jeden Arbeitsvorgang ... gesondert festzustellen.

Grundlage für die Eingruppierung ist nach wie vor der Arbeitsvorgang. Die in § 12 TVöD-Bund vorgenommene Definition gleicht – von redaktionellen Änderungen abgesehen – der Vorschrift des § 22 BAT-B/L und des § 12 TV-L/TVöD-VKA. Dementsprechend behält auch die bisherige Rechtsprechung des BAG ihre Bedeutung.

5. Arbeitsvorgang

Der Arbeitsvorgang als abstrakter Rechtsbegriff

Der Arbeitsvorgang ist im TVöD-Bund die für die Bewertung der Stelle und für die Eingruppierung des Mitarbeiters allein maßgebliche Bewertungseinheit. Dementsprechend muss dieser zutreffend gebildet und beschrieben werden, da der Arbeitsvorgang kein „unbestimmter Rechtsbegriff" ist. Im Gegenteil, das BAG hat ausgeführt:

BAG vom 16.08.2023

Der Begriff des „Arbeitsvorgangs" ist ein feststehender, abstrakter, von den Tarifvertragsparteien vorgegebener Rechtsbegriff. Seine Anwendung durch die Tatsachengerichte ist revisionsrechtlich in vollem Umfang nachprüfbar (...).

(BAG 16.08.2023, 4 AZR 339/22, AP Nr. 19 zu § 12 TVöD)

Das heißt, dass die Gerichte – in letzter Instanz das BAG als Revisionsgericht – die Bildung der Arbeitsvorgänge überprüfen.

Praxis-Tipp:

Fehler bei der Bildung eines Arbeitsvorgangs durchziehen als Folgefehler das gesamte Bewertungsverfahren (zum TVöD siehe dazu z.B. AP Nrn. 4, 5, 6, 19 zu § 12 TVöD).

Deshalb muss bereits bei der Stellenbeschreibung großer Wert auf die korrekte Bildung und Beschreibung des Arbeitsvorgangs gelegt werden (siehe auch Gamisch/Mohr, Grundlagen, Kapitel 3; Gamisch/Mohr, StB, Kapitel 6.3).

Dass die Bestimmung des Arbeitsvorgangs Sache der Gerichte ist, führte in den letzten Jahren – eigentlich bereits mit Beginn der Einführung des Arbeitsvorgangs in den BAT (siehe z. B. BAG 22.11.1977, 4 AZR 395/76, AP Nr. 2 zu §§ 22, 23 BAT 1975) – zu Diskrepanzen zwischen rechtlicher und praktischer Auslegung und Anwendung des Begriffs. Ihren wohl vorerst letzten (?) Höhepunkt erreichte die Diskussion mit den Entscheidungen des BAG zur Eingruppierung von Geschäftsstellenverwaltern bei Gerichten (BAG-Entscheidungen gem. AP Nrn. 6, 9, 10, 11, 12 zu § 12 TV-L). Die Tarifvertragsparteien haben reagiert und den Begriff auf die Agenda gesetzt (zum aktuellen Stand der [juristischen] Diskussion siehe auch ZTR 2021, Die Rettung des Arbeitsvorgangs im TVöD/TV-L – Facelifting oder großer Eingriff?, S. 51 ff. sowie ZTR 2023, Verfassungsrechtliche Grundlagen der Interpretation von Tarifnormen, S. 376 ff.). Man darf also gespannt sein, ob und wie sich die Tarifvertragsparteien bei dieser wichtigen Grundsatzfrage einigen (können).

Der Arbeitsvorgang als Ergebnis einer Organisationsentscheidung

Weil der Arbeitgeber kraft seiner Organisationsgewalt entscheidet, welcher Mitarbeiter welche Tätigkeiten ausübt, bestimmt er über die Bildung der Arbeitsvorgänge auch die tarifliche Wertigkeit der Stelle. Eine organisatorische Vorgabe führt dann zur Anwendung der Tarifautomatik.

Praxis-Tipp:

Nicht erwünschte Eingruppierungsergebnisse dürfen nicht über eine fehlerhafte Anwendung des TVöD-Bund vermieden, sondern müssen vielmehr im Vorfeld durch die zielgerichtete Verteilung der qualitativen und quantitativen Aufgaben gesteuert werden (zur aktuellen Diskussion siehe auch ZTR 2024, Die gute alte Entgeltordnung im öffentlichen Dienst, Teil I: Das Dilemma rund um den Arbeitsvorgang, S. 296 ff.).

Beispiel:

Es ist grundsätzlich unzulässig, während der Probezeit die tarifkonforme Eingruppierung abzusenken und eine Entgeltgruppe weniger zu zahlen. Damit dem Umstand Rechnung getragen wird, dass sich ein neuer Mitarbeiter ggf. erst in die Stelle und ihre Anforderungen hineinfinden muss, darf nicht die gesamte auszuübende Tätigkeit gemäß Stellenbeschreibung übertragen werden. Stattdessen wird mittels eines Aktenvermerks dokumentiert, warum (fehlende fachliche Qualifikationen, fehlendes Erfahrungswissen) welche Teile der auszuübenden Tätigkeit gemäß Stellenbeschreibung dem Beschäftigten noch nicht übertragen worden sind. So werden beispielsweise die Arbeitsvorgänge mit selbständigen Leistungen unter fachlicher Anleitung und damit nach den Vorgaben zu Arbeitsweg und Arbeitsmethoden erledigt, so dass die Anforderungen an das

Tätigkeitsmerkmal selbständige Leistungen (vgl. Kapitel 4.8) noch nicht vollständig erfüllt werden.

Die Bildung des Arbeitsvorgangs

Die tarifliche Definition des Arbeitsvorgangs wurde schon vorgestellt. Das BAG konkretisiert den Begriff wie folgt:

BAG vom 13.12.2023

Nach § 12 Abs. 2 TVöD/VKA ist Bezugspunkt der tariflichen Bewertung der Arbeitsvorgang. Maßgebend für dessen Bestimmung ist das Arbeitsergebnis. Für die Beurteilung, ob eine oder mehrere Einzeltätigkeiten zu einem Arbeitsergebnis führen, sind eine natürliche Betrachtungsweise und die durch die Arbeitgeberin vorgenommene Arbeitsorganisation ausschlaggebend. Dabei kann die gesamte vertraglich geschuldete Tätigkeit einen einzigen Arbeitsvorgang ausmachen. Einzeltätigkeiten können dann nicht zusammengefasst werden, wenn die verschiedenen Arbeitsschritte von vornherein auseinandergehalten und organisatorisch voneinander getrennt sind. Hierfür reicht jedoch die theoretische Möglichkeit nicht aus, einzelne Arbeitsschritte oder Einzelaufgaben verwaltungstechnisch isoliert auf andere Beschäftigte zu übertragen. Bei der Zuordnung zu einem Arbeitsvorgang können wiederkehrende und gleichartige Tätigkeiten zusammengefasst werden. Dem Arbeitsvorgang hinzuzurechnen sind dabei nach Satz 1 der Protokollerklärung zu § 12 Abs. 2 TVöD/VKA auch Zusammenhangsarbeiten. Das sind solche, die aufgrund ihres engen Zusammenhangs mit bestimmten Aufgaben einer Beschäftigten bei der tariflichen Bewertung zwecks Vermeidung tarifwidriger „Atomisierung" der Arbeitseinheiten nicht abgetrennt werden dürfen, sondern diesen zuzurechnen sind. Die tarifliche Wertigkeit der verschiedenen Einzeltätigkeiten oder Arbeitsschritte bleibt dabei zunächst außer Betracht. Erst nachdem die Bestimmung des Arbeitsvorgangs erfolgt ist, ist dieser anhand des in Anspruch genommenen Tätigkeitsmerkmals zu bewerten.

(BAG 13.12.2023, 4 AZR 317/22, AP Nr. 21 zu § 12 TVöD)

Diese Ausführungen werden als unübersichtlich empfunden. Deshalb wird versucht, die Definition zu strukturieren, was aus didaktischen Gründen auch sinnvoll ist.

Gegliederte Definition des Arbeitsvorgangs		
PE Nr. 1 zu § 12 Abs. 2 TVöD-Bund	**PN Nr. 1 zu § 22 Abs. 2 BAT-B/L**	**BAG**
Arbeitsvorgänge sind	Arbeitsvorgänge sind	Der Arbeitsvorgang ist
1.1 Arbeitsleistungen (einschließlich Zusammenhangs-arbeiten)	2.1 Arbeitsleistungen (einschließlich Zusammenhangs-arbeiten)	3.1 eine unter Hinzurechnung der Zusammenhangs-tätigkeiten
1.2 die, bezogen auf den Aufgabenkreis der/des Beschäftig-ten,	2.2 die, bezogen auf den Aufgabenkreis des Angestellten,	3.2 und unter Berücksichtigung der durch den Ar-beitgeber vorgege-benen Arbeits-organisation
1.3 zu einem bei natürlicher Be-trachtung	2.3 zu einem bei natürlicher Betrach-tung	3.3 nach tatsächlichen Gesichtspunkten abgegrenzte
1.4 abgrenzbaren Arbeitsergebnis führen.	2.4 abgrenzbaren Arbeitsergebnis führen.	3.4 zu einem bestimmten Arbeitsergebnis führende Tätigkeit eines Beschäftig-ten.

Arbeitsleistung (1.1/2.1) ist jede zur Erfüllung der Arbeitspflicht verrichtete Aktivität eines Beschäftigten. Die Arbeitsleistung umfasst somit die gesamte regelmäßig auszuübende Tätigkeit (Aufgabenkreis gemäß 1.2/2.2). Diese ist nach den Kriterien Zusammenhangstätigkeiten (1.1/2.1/3.1) und Arbeitsergebnis (1.4/2.4/3.4) zu gliedern:

Der Arbeitsschritt ist dabei die kleinste, nicht mehr sinnvoll aufspaltbare Arbeitsleistung des Beschäftigten. Die Reihenfolge der Arbeitsschritte wird als Arbeitsablauf bezeichnet. Zu diesem Arbeitsablauf zählen auch Zusammenhangstätigkeiten (1.1/2.1/3.1). Das sind solche Tätigkeiten, die einen engen inneren sachlichen Zusammenhang mit anderen, insbesondere tariflich höherwertigen Aufgaben des Beschäftigten aufweisen. Bei der Bildung des Arbeitsvorgangs dürfen diese Zusammenhangsarbeiten zwecks Vermeidung tarifwidriger Atomisierung nicht abgetrennt werden. Sie sind vielmehr dem

Arbeitsvorgang als Bewertungseinheit hinzuzurechnen (vgl. BAG 16.08.2023, 4 AZR 339/22, AP Nr. 19 zu § 12 TVöD).

KlassischeZusammenhangsarbeiten sind zum Beispiel:

- Besprechungen, Schriftverkehr und Telefongespräche, die mit der Bearbeitung des Aktenvorgangs zusammenhängen
- Fertigen und Lesen von Statistiken, wenn diese die Grundlage für die Hauptarbeit sind
- Führen eines Dienstwagens durch einen Verwaltungsmitarbeiter
- Lesen von Akten, um ein medizinisches oder juristisches Gutachten zu fertigen
- Publikumsverkehr
- Studium von Gesetzen, sonstigen Rechtsvorschriften und gerichtlichen Entscheidungen
- Führen der Ablage für die zu bearbeitenden Aktenvorgänge
- Datenpflege
- Teilnahme an Fortbildungen zur Sicherstellung der Qualität der übertragenen Tätigkeiten

(vgl. z. B. BAG 09.09.2020, 4 AZR 195/20, AP Nr. 6 zu § 12 TV-L; BAG 26.07.1995, 4 AZR 280/94, AP Nr. 203 zu §§ 22, 23 BAT 1975; BAG 17.01.1996, 4 AZR 662/94, AP Nr. 4 zu §§ 22, 23 BAT Sparkassenangestellte; BAG 16.10.2019, 4 AZR 284/18, AP Nr. 341 zu §§ 22, 23 BAT 1975).

Zu einem Arbeitsvorgang werden alle Arbeitsleistungen zusammengefasst, die zu einem verwertbaren (Zwischen-)Ergebnis führen (1.4/2.4/3.4).

Bei der Bildung des Arbeitsvorgangs kommt es damit entscheidend auf das bei „natürlicher Betrachtungsweise" (1.3/2.3/3.3) abgrenzbare Arbeitsergebnis (1.4/2.4/3.4) an (grundlegend BAG 26.04.2023, 4 AZR 275/20, AP Nr. 9 zu § 12 TV-L; BAG 13.12.2023, 4 AZR 317/22, AP Nr. 21 zu § 12 TVöD m. w. N.).

Es muss eine „wirklichkeitsfremde Zersplitterung eines einheitlichen Arbeitsergebnisses" (BAG 31.07.2002, 4 AZR 129/01, AP Nr. 291 zu §§ 22, 23 BAT 1975) verhindert werden. Dabei ist es unerheblich, dass es theoretisch verwaltungstechnisch möglich wäre, die Arbeit durch organisatorische Maßnahmen anders zu verteilen und die Bearbeitung auf verschiedene Mitarbeiter zu übertragen (BAG 23.02.2005, 4 AZR 191/04; BAG 13.12.2023, 4 AZR 317/22, AP Nr. 21 zu § 12 TVöD).

Wichtig: Maßgeblich ist somit die vom Arbeitgeber vorgegebene tatsächliche Organisation (vgl. BAG 13.12.2023, 4 AZR 317/22, AP Nr. 21 zu § 12 TVöD m. w. N.).

Zusammenfassend kann man den Arbeitsvorgang mit einer (verkürzten) Arbeitsdefinition beschreiben als Arbeitsleistung,

- die zu einem bestimmten Ziel führt und
- unter Berücksichtigung des tatsächlichen Arbeitsablaufs des Mitarbeiters von anderen Tätigkeiten abgegrenzt ist.

Die Anzahl der Arbeitsvorgänge

Die Anzahl der Arbeitsvorgänge ist für die Eingruppierung zunächst ohne Bedeutung. So ist es möglich, dass nur ein Arbeitsvorgang vorliegt. Das ist der Fall, wenn der Aufgabenkreis nicht weiter aufteilbar und einer rechtlichen Bewertung zugänglich ist (vgl. z. B. BAG 27.09.2017, 4 AZR 666/14, AP Nr. 5 zu § 16 TVöD; vgl. BAG 16.08.2023, 4 AZR 339/22, AP Nr. 19 zu § 12 TVöD). Mit dieser Feststellung ist noch nicht gesagt, zu welchem Eingruppierungsergebnis dies führt.

Von nur einem großen Arbeitsvorgang kann grundsätzlich ausgegangen werden, wenn eine der drei Kategorien vorliegt:

1. Leitung
2. Funktionsmerkmal
3. Tätigkeiten mit Funktionscharakter

Diese bilden nach ständiger Rechtsprechung regelmäßig einen einheitlichen Arbeitsvorgang (vgl. Gamisch/Mohr, Grundlagen, Kapitel 3.7 bis 3.9).

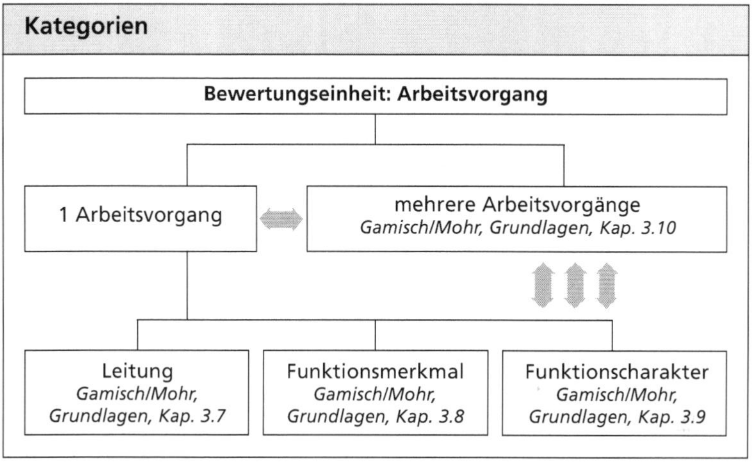

Quelle: IPW – Institut für PersonalWirtschaft GmbH

6. Zeitanteile: Die 50-Prozent-Grenze

Der maßgebliche Zeitanteil bleibt bei 50 Prozent, sofern in Anlage 1 TV EntgO Bund nicht ausdrücklich ein anderer Zeitanteil bestimmt wird.

Zeitanteile sind eine wesentliche Voraussetzung, um Stellen unter Anwendung des TV EntgO Bund bewerten zu können (siehe auch Gamisch/Mohr, StB, Kapitel 6.5). Sie spiegeln die Verteilung des zeitlichen Aufwands auf die einzelnen Arbeitsvorgänge wider. Ihre Ermittlung ist demnach erst zweckmäßig, wenn Arbeitsvorgänge und Arbeitsschritte feststehen.

Trotz dieser elementaren Bedeutung haben sich die Gerichte und die Literatur zum Eingruppierungsrecht nur am Rande mit der Frage der Ermittlung von Zeitanteilen auseinandergesetzt und diese Grundsätze formuliert: Der zeitliche Aufwand muss für jeden Arbeitsvorgang gesondert festgestellt werden. Adäquat sind Methoden, die im Rahmen von Organisationsuntersuchungen zur Ermittlung des Personalbedarfs zum Einsatz kommen. Dazu zählen beispielsweise:

- qualifizierte Schätzung
- Selbstaufschreibung/Arbeitstagebuch

- Multimomentaufnahme
- Laufzettelverfahren

(so z. B. BAG 18.05.1994, 4 AZR 449/93, AP Nr. 5 zu §§ 22, 23 BAT Datenverarbeitung; vertiefend siehe Gamisch/Mohr, Grundlagen, Kapitel 4).

7. Zusammenfassende Betrachtung

Der TVöD-Bund fordert – wie schon der BAT-B/L – eine zusammenfassende Betrachtung.

§ 12 Abs. 2 Satz 3 TVöD-Bund

Kann die Erfüllung einer Anforderung in der Regel erst bei der Betrachtung mehrerer Arbeitsvorgänge festgestellt werden (z. B. vielseitige Fachkenntnisse), sind diese Arbeitsvorgänge für die Feststellung, ob diese Anforderung erfüllt ist, insoweit zusammen zu beurteilen.

BAG vom 12.12.2012

Mit dieser Tarifnorm wird sichergestellt, dass einem Angestellten [neu: Beschäftigten] des öffentlichen Dienstes auch diejenige Qualifizierung seiner Tätigkeit zugutekommt, die sich daraus ergibt, dass nebeneinander mehrere Tätigkeiten ausgeübt werden, aus deren Summierung sich erst die Erfüllung bestimmter tariflicher Merkmale ergibt.

(BAG 12.12.2012, 4 AZR 199/11, AP Nr. 325 zu §§ 22, 23 BAT 1975 m. w. N.)

Diese ergänzende Form der Bewertung sichert Arbeitnehmern eine höhere Eingruppierung, vor allem wenn sie nebeneinander Aufgaben unterschiedlicher Art ausüben und dafür jeweils andersartige Kenntnisse und Erfahrungen einsetzen müssen.

Dazu stellt die aktuelle Rechtsprechung klar, dass die zusammenfassende Betrachtung generell angewendet werden kann, wenn das einschlägige Tätigkeitsmerkmal qualitative oder quantitative Tatbestandsmerkmale enthält. Danach ist zum Beispiel nicht ausgeschlossen, die Erfüllung des Tätigkeitsmerkmals „Leitung einer größeren Organisationseinheit“ (TV-Ärzte Hessen) aufgrund einer zusammenfassenden Betrachtung der Leitung von zwei Stationen anzunehmen (BAG 16.05.2012, 4 AZR 300/10, AP Nr. 67 zu § 1 TVG Tarifverträge: Arzt; Eingruppierung eines Oberarztes nach TV-Ärzte Hessen). Bei welchen Tätigkeitsmerkmalen ihre Erfüllung erst durch zusammenfassende Betrachtung möglich ist, lässt sich nicht allgemein festlegen, sondern kann nur im konkreten Einzelfall beurteilt werden (BAG 12.12.2012, 4 AZR 199/11, AP Nr. 325 zu §§ 22, 23 BAT 1975, m. w. N., ZTR 2013, S. 385 ff.). Die Anwendung der zusammenfassenden Betrachtung setzt aber voraus, dass zunächst eine tarifliche Bewertung der einzelnen Arbeitsvorgänge erfolgt. Erst wenn das nächsthöhere Tätigkeitsmerkmal nicht mehr innerhalb des einzelnen Arbeitsvorgangs erfüllt wird, ist zu prüfen, ob durch zusammenfassende Betrachtung mehrerer oder aller Arbeitsvorgänge die erhöhte Anforderung erfüllt wird (BAG 18.11.2015, 4 AZR 605/13, AP Nr. 335 zu §§ 22, 23 BAT 1975, ZTR 2016, S. 321 ff.).

Die zusammenfassende Betrachtung stellt damit eher eine Ausnahme dar (vgl. BAG 22.02.2017, 4 AZR 514/16, AP Nr. 336 zu §§ 22, 23 BAT 1975 m. w. N.).

Praxis-Tipp:

Der TVöD-Bund fordert mit dem Arbeitsvorgang und der zusammenfassenden Betrachtung komplexe Abwägungen zur auszuübenden Tätigkeit. Daraus wird deutlich, dass auf Stellenbeschreibungen schon aus tarifrechtlichen Gründen nicht verzichtet werden kann. Regelmäßig verkennen Kritiker von Stellenbeschreibungen diese rechtliche Ausgangssituation (zur Stellenbeschreibung siehe Gamisch/Mohr, StB, sowie Gamisch/Mohr, Grundlagen, Kapitel 5, und Gamisch/Mohr, gEG, IV B.10).

8. Eingruppierung in besonderen Fällen – § 13 TVöD-Bund

Von den Regelungen des § 12 TVöD-Bund sind die Bestimmungen des § 13 TVöD-Bund abzugrenzen:

§ 13 TVöD-Bund – Eingruppierung in besonderen Fällen

(1) [1]Ist der/dem Beschäftigten eine **andere, höherwertige Tätigkeit nicht übertragen** worden, hat sich aber die ihr/ihm **übertragene Tätigkeit** (§ 12 Absatz 2 Satz 1) nicht nur vorübergehend derart **geändert**, dass sie den Tätigkeitsmerkmalen einer höheren als ihrer/seiner bisherigen Entgeltgruppe entspricht (§ 12 Absatz 2 Satz 2 bis 6), und hat die/der Beschäftigte die höherwertige Tätigkeit ununterbrochen sechs Monate lang ausgeübt, ist sie/er mit Beginn des darauffolgenden Kalendermonats in der höheren Entgeltgruppe eingruppiert. [2]Für die zurückliegenden sechs Kalendermonate gilt § 14 sinngemäß.

(2) [1]Ist die Zeit der Ausübung der höherwertigen Tätigkeit durch Urlaub, Arbeitsbefreiung, Arbeitsunfähigkeit, Kur- oder Heilverfahren oder Vorbereitung auf eine Fachprüfung für die Dauer von insgesamt nicht mehr als sechs Wochen unterbrochen worden, wird die Unterbrechungszeit in die Frist von sechs Monaten eingerechnet. [2]Bei einer längeren Unterbrechung oder bei einer Unterbrechung aus anderen Gründen beginnt die Frist nach der Beendigung der Unterbrechung von neuem.

(3) [1]Wird der/dem Beschäftigten vor Ablauf der sechs Monate wieder eine Tätigkeit zugewiesen, die den Tätigkeitsmerkmalen ihrer/seiner bisherigen Entgeltgruppe entspricht, gilt § 14 sinngemäß.

(Hervorhebungen durch die Verfasser)

Inhaltliche Änderungen gegenüber § 23 BAT-B/L hat es nicht gegeben. Nach wie vor deckt diese Regelung die dynamische Entwicklung der beruflichen Anforderungen ab: § 13 TVöD-Bund regelt den Fall, dass der Arbeitgeber keine anderen Tätigkeiten überträgt, das heißt nicht aktiv in die auszuübende Tätigkeit an sich eingreift. Vielmehr erhöhen sich bei gleichbleibender Aufgabenstellung die fachlichen Anforderungen: Der Beschäftigte muss – um nach wie vor die gestellten Aufgaben lösen zu können – mehr Wissen und Können einsetzen. Es ändert sich somit nicht der Arbeitsauftrag (auszuübende Tätigkeit), sondern die dabei zu beachtenden Rahmenbedingungen. Dies kann sowohl die rechtlichen als auch die fachlichen Grundlagen der Arbeit betreffen (z. B. neue bzw. geänderte Gesetze, technische Neuerungen).

Die höhere Eingruppierung kann dann nach Ablauf von sechs Monaten vollzogen werden. Für die ersten sechs Monate erhält der Beschäftigte eine Zulage gemäß § 14 TVöD-Bund.

Der Einstieg in die Entgeltordnung

1. Die Auslegung der Entgeltordnung

Rechtsnormen können nicht derart präzise formuliert werden, dass jeder denkbare Streitfall erfasst wird. Sie müssen aus drei Gründen ausgelegt werden:

1. Begriffe und Zeichen sind immer auslegungs- und interpretationsbedürftig.
2. Normen- bzw. Zielkonflikte können nicht ausgeschlossen werden.
3. Rechtslücken sind unvermeidbar.

Die Vorgehensweise zur Auslegung von Rechtsnormen ist nicht gesetzlich geregelt. Vielmehr ist die Methode der Rechtswissenschaft und Rechtsprechung überlassen. Das (Tarif-)Recht wird erst durch seine Anwendung auf den Einzelfall konkretisiert. Die Rechtsanwendung, auch die des Tarifvertrags, darf sich nicht im rechtsfreien Raum bewegen, sondern muss einer Methode folgen.

Rechtsvorschriften sind wie folgt anzuwenden:

1. Welche Tatbestandsmerkmale (Voraussetzungen) müssen erfüllt sein, damit die in der Rechtsnorm enthaltende Rechtsfolge eintritt?
2. Was genau bedeutet jedes einzelne dieser abstrakt-generell formulierten Merkmale (Definition bzw. Gesetzesauslegung)?
3. Wird der konkret-individuelle Sachverhalt vom Tatbestand der Rechtsnorm erfasst?
4. Wenn ja, tritt die in der Rechtsnorm enthaltende Rechtsfolge ein.

(vgl. Wienbracke, Rn. 75 ff., 120)

Das BAG hat festgestellt, dass Tarifverträge wie Gesetze ausgelegt werden:

BAG vom 19.06.2018

Nach ständiger Rechtsprechung des Bundesarbeitsgerichts **folgt** die Auslegung des normativen Teils eines Tarifvertrags **den für die Auslegung von Gesetzen geltenden Regeln**. Danach ist zunächst vom **Tarifwortlaut** auszugehen, wobei der maßgebliche Sinn der Erklärung zu erforschen ist, ohne am Buchstaben zu haften. Über den reinen Wortlaut hinaus ist der **wirkliche Wille** der Tarifvertragsparteien und der damit von ihnen beabsichtigte Sinn und Zweck der Tarifnorm zu berücksichtigen, sofern und soweit er in den tariflichen Regelungen und ihrem systematischen Zusammenhang Niederschlag gefunden hat. Abzustellen ist stets auf den

tariflichen Gesamtzusammenhang, weil dieser Anhaltspunkte für den wirklichen Willen der Tarifvertragsparteien liefert und nur so **Sinn und Zweck** der Tarifnorm zutreffend ermittelt werden kann. ... Im Zweifel gebührt derjenigen Auslegung der Vorzug, die zu einem sachgerechten, zweckorientierten, praktisch brauchbaren und gesetzeskonformen Verständnis der Regelung führt.

(BAG 19.06.2018, 9 AZR 564/17, Rn. 17 m. w. N., zit. nach www.bundesarbeitsgericht.de/entscheidungen; *Hervorhebungen durch die Verfasser*).

BAG vom 26.04.2017

Bei der **Wortlautauslegung** ist, wenn die Tarifvertragsparteien einen **Begriff nicht eigenständig definieren**, erläutern oder einen feststehenden Rechtsbegriff verwenden, vom **allgemeinen Sprachgebrauch** auszugehen. Wird ein **Fachbegriff** verwendet, der in allgemeinen oder in fachlichen Kreisen eine bestimmte Bedeutung hat, ist davon auszugehen, dass die Tarifvertragsparteien mit diesem Begriff den allgemein **üblichen Sinn** verbinden wollten, wenn nicht sichere Anhaltspunkte für eine abweichende Auslegung gegeben sind, die aus dem Tarifwortlaut oder anderen aus dem Tarifvertrag selbst ersichtlichen Gründen erkennbar sein müssen. Wird ein bestimmter **Begriff mehrfach** in einem Tarifvertrag **verwendet**, ist im Zweifel weiter davon auszugehen, dass die Tarifvertragsparteien dem Begriff im Geltungsbereich dieses Tarifvertrags **stets die gleiche Bedeutung** beimessen wollen.

(BAG 26.04.2017, 10 AZR 589/15, Rn. 15 m. w. N., AP Nr. 26 zu § 4 TzBfG, *Hervorhebungen durch die Verfasser*)

3

BAG vom 13.07.2021

Lässt dies zweifelsfreie Auslegungsergebnisse nicht zu, können die Gerichte für Arbeitssachen ohne Bindung an eine Reihenfolge weitere Kriterien wie die **Entstehungsgeschichte** des Tarifvertrages, ggf. auch die **praktische Tarifübung** ergänzend hinzuziehen. Auch die **Praktikabilität** denkbarer Auslegungsergebnisse ist zu berücksichtigen; im Zweifel gebührt derjenigen Tarifauslegung der Vorrang, die zu einer vernünftigen, sachgerechten, zweckorientierten und praktisch brauchbaren Regelung führt.

(BAG 13.07.2021, 3 AZR 363/20, AP Nr. 62 zu § 1 BetrAVG Auslegung mit Hinweis auf BAG 21.01.2020, 3 AZR 73/19; BAG 10.02.2015, 3 AZR 904/13, AP Nr. 55 zu § 1 BetrAVG Auslegung; *Hervorhebungen durch die Verfasser*)

Demzufolge wird der Tarifvertrag in folgenden Schritten ausgelegt:

Checkliste: Auslegung

1. Auslegung des Wortlauts (sog. grammatikalische Auslegung) Definition/Bedeutung
   - im Tarifvertrag
   - im Gesetz
   - der verständigen Fachkreise
   - im allgemeinen Sprachgebrauch
2. Auslegung unter Berücksichtigung der Stellung der Tarifnorm im Gesamtgefüge des Tarifvertrags (sog. systematische Auslegung)
3. Auslegung nach Sinn und Zweck (sog. teleologische Auslegung)

↕

→ Auslegung nach der Tarifgeschichte (sog. historische Auslegung)
→ Praktische Tarifübung
→ Praktikabilität

Der tarifliche Gesamtzusammenhang erschließt sich nur, wenn alle maßgeblichen Tarifnormen berücksichtigt werden:

Der tarifrechtliche Gesamtzusammenhang

- TVöD-Bund
  - Mantelregelungen (§§ 12, 13, 14, 32 TVöD-Bund)
- TV EntgO Bund
  - Mantelregelungen (vor allem §§ 2 bis 14 TV EntgO Bund)
- Tätigkeitsmerkmale gemäß Anlage 1 TV EntgO Bund
  - Oberbegriffe
  - Beispielstätigkeiten
- Protokollerklärungen

2. Alte und neue Rechtsprechung

Da die neuen Eingruppierungsregeln grundsätzlich am BAT-B/L bzw. MTArb-Bund anknüpfen, kann auf die bisherige Rechtsprechung der Arbeitsgerichte zurückgegriffen werden, was zu einem hohen Maß an Rechtssicherheit führt. Entscheidungen zum Eingruppierungsrecht des TV-L bzw. TVöD-VKA können herangezogen werden, wenn die tariflichen Regelungen vergleichbar sind (vgl. auch Gamisch/Mohr, EG TV-L; Gamisch/Mohr, EG TVöD-VKA).

Praxis-Tipp:
Im Detail bestehen zwischen dem TVöD-Bund und dem TV-L aber teilweise erhebliche Unterschiede.

3. Der TV EntgO Bund ersetzt die alten Vorbemerkungen

Abweichend vom alten BAT-B/L und dem neuen TV-L und TVöD-VKA kennt der TVöD-Bund nicht mehr die „klassischen" Vorbemerkungen. An deren Stelle treten die §§ 1 bis 14 des TV EntgO Bund.

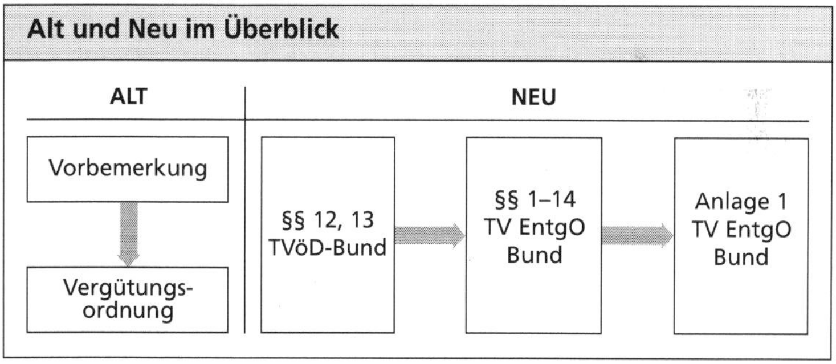

Quelle: IPW – Institut für PersonalWirtschaft GmbH

Mit dieser neuen Systematik schafft man eine gegenüber den Ländern und den Kommunen eigenständige Regelung und betont zugleich die Verbindlichkeit der Vorgaben.

4. Die Teile I bis VI

Für das Verhältnis der Teile I bis VI gilt der Grundsatz der Spezialität (vgl. Krämer/Reinecke, ZTR 2014, S. 195, 197): Es wird zunächst geprüft, ob die Teile VI, V und IV spezielle Tätigkeitsmerkmale darstellen. Ist dies nicht der Fall, wird die Anwendung des Teils III geprüft. Scheidet auch Teil III aus, wird unterteilt: Bei körperlich/handwerklichen Tätigkeiten wird Teil II angewendet, im Übrigen Teil I.

Grundsatz der Spezialität

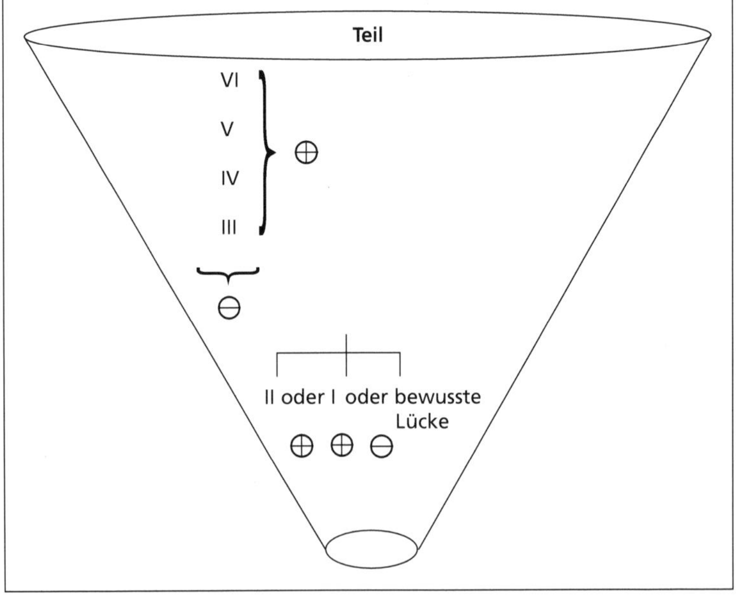

Quelle: IPW – Institut für PersonalWirtschaft GmbH

5. Die Struktur des Teils I der Entgeltordnung

Die Tätigkeitsmerkmale des Teils I der Anlage 1 sind im Wesentlichen aus den ersten Fallgruppen des Teils I der Anlage 1a BAT-B/L abgeleitet worden.

Dem Teil I kommt zunächst eine Auffangfunktion zu: Kann die Tätigkeit des Beschäftigten nicht den Teilen III bis VI zugeordnet werden und handelt es sich nicht um eine körperlich/handwerklich geprägte Tätigkeit im Sinne des Teil II, liegt grundsätzlich eine Eingruppierung in Teil I vor (§ 3 Abs. 4 Satz 1 TV EntgO Bund). Etwas anderes gilt für den Fall, dass eine sogenannte bewusste Lücke vorliegt: Wollten die Tarifvertragsparteien (noch) keine Regelung treffen, scheidet auch eine Eingruppierung in den Teil I aus. Das gilt vor allem für Lehrer, die im alten BAT-B/L ausdrücklich nicht geregelt und für die gemäß § 1 Abs. 2 Buchstabe a) TV EntgO Bund keine Eingruppierungsregelungen getroffen worden sind (zur Lücke siehe Gamisch/Mohr, gEG, IV B.1.8).

Des Weiteren gilt das Tätigkeitsmerkmal der Entgeltgruppe 1 der Teile I und II auch für Tätigkeiten der Teile III bis VI (§ 3 Abs. 5 TV EntgO Bund).

6. Die Struktur des Teils II der Entgeltordnung

Für die körperlich/handwerklich geprägten Tätigkeiten gilt generell Teil III oder Teil II der Anlage 1 TV EntgO Bund. Ausnahme bilden Tätigkeiten im Metall-/Werkzeugmacherbereich. Für sie gelten eigene Tätigkeitsmerkmale gemäß Nr. 11 der Anlage 5 TVÜ-Bund. Sie gelten gemäß § 2 Abs. 3 TV EntgO Bund für alle Tätigkeiten, die bei Weitergeltung des alten Tarifrechts den Eingruppierungsregeln für Arbeiter zuzuordnen wären.

Für körperlich-handwerklich geprägte Tätigkeiten ist somit zunächst zu prüfen, ob diese Tätigkeit in Teil III der Anlage 1 zu TV EntgO Bund konkret geregelt ist. Ist dies nicht der Fall, kommen die allgemeinen Tätigkeitsmerkmale des Teil II zum Tragen.

7. Die Qualifikationsebenen

Der TVöD-Bund hat die seinerzeit angekündigte Beibehaltung der Laufbahnen wahrgemacht. Die Entgeltgruppen spiegeln die alten Laufbahnen des Beamtenrechts wider, die nunmehr als Qualifikationsebenen bezeichnet werden.

Übersicht: System der Qualifikationsebenen für Teil I der EntgO Bund		
Auszuübende Tätigkeit erfordert Kenntnisse auf dem Niveau ...	**EG**	**Beamtenlaufbahnen**
... keiner oder einer unter dreijährigen abgeschlossenen Ausbildung in einem anerkannten Ausbildungsberuf	1–4	sog. einfacher Dienst (1. Laufbahngruppe, 1. Einstiegsamt)
... einer abgeschlossenen Ausbildung in einem anerkannten Ausbildungsberuf von mindestens drei Jahren	5–9a	sog. mittlerer Dienst (1. Laufbahngruppe, 2. Einstiegsamt)
... einer abgeschlossenen Hochschulbildung (Dipl.-FH/Bachelor)	9b–12	sog. gehobener Dienst (2. Laufbahngruppe, 1. Einstiegsamt)
... einer abgeschlossenen wissenschaftlichen Hochschulbildung (Dipl./Master/1. Staatsprüfung ...)	13–15	sog. höherer Dienst (2. Laufbahngruppe, 2. Einstiegsamt)

(zu den neuen Hochschulabschlüssen siehe auch Gamisch/Mohr, gEG, IV D.3.14.3 m. w. N.)

Dementsprechend berücksichtigen die §§ 7 bis 9 TV EntgO Bund ausdrücklich das neue Hochschulrecht (siehe auch folgende Ausführungen zu den entsprechenden Entgeltgruppen).

Letztlich spiegeln sich in den Qualifikationsebenen Berufsbilder wider.

8. Die Bedeutung von Berufsbildern

Berufsbilder beschreiben die Elemente eines Berufs im Hinblick auf:

- Vorbildung
- Ausbildung
- Tätigkeiten
- Aufstiegschancen
- Weiterbildungsformen
- Verdienstmöglichkeiten

(vgl. Brockhaus 2003, Lexikon, Stichwort: Berufsbild)

Praxis-Tipp:

Informationen zu den Berufsbildern werden von der Bundesagentur für Arbeit in Zusammenarbeit mit dem Bundesinstitut für Berufsbildung entwickelt und veröffentlicht, zu finden unter: www.berufenet.arbeitsagentur.de

Im TVöD-Bund haben diese für die Eingruppierung im allgemeinen Verwaltungsdienst ab Entgeltgruppe 5 Fallgruppe 1 unmittelbare tarifliche Bedeutung:

Entgeltgruppe 5 Fallgruppe 1 Teil I EntgO Bund

Beschäftigte mit ... **abgeschlossener Berufsausbildung**

Entgeltgruppe 9b Fallgruppe 1 Teil I EntgO Bund

Beschäftigte mit ... **abgeschlossener Hochschulbildung**

Wichtig: Alternativ dazu werden nach wie vor in den Entgeltgruppen 9b bis 12 des Teils I der Entgeltordnung Bund auch Tätigkeitsmerkmale ohne Ausbildungsbezug genutzt, die den Regelungen im TV-L entsprechen (zur Rechtslage im TV-L siehe auch Geyer/Baschnagel, ZTR 2011, S. 331, 334).

Praxis-Tipp:

Bedeutung erlangen die Berufsbilder aber auch für diese Tätigkeitsmerkmale des Teil I der Entgeltordnung Bund durch Literatur und Rechtsprechung: Diese setzen gründliche und vielseitige Fachkenntnisse mit der Breite und Tiefe des in Berufsausbildungen vermittelten Wissens und Könnens gleich (vgl. BAG 19.02.2003, 4 AZR 158/02 m. w. N. auf die Literatur; LAG Köln 24.06.2021, 6 Sa 975/20, zit. nach WKRS 2021, 37070), während gründliche, umfassende Fachkenntnisse Wissen und Können auf Dipl.-FH-Niveau voraussetzen (vgl. z. B. Nds. LAG 29.04.2002, 8 Sa 1049/01 E; BAG 15.02.2006, 4 AZR 351/06, AP Nr. 32 zu §§ 22, 23 BAT-O).

So ist auch für diese Merkmale die Arbeit mit Berufsbildern unerlässlich, um feststellen zu können, auf welchem fachlichen Niveau die auszuübende Tätigkeit anzusiedeln ist und welche der Entgeltgruppen für die Eingruppierung grundsätzlich infrage kommen.

Für die Entgeltgruppen 13 bis 15 Teil I EntgO Bund wird aber grundsätzlich eine abgeschlossene wissenschaftliche Hochschulbildung gefordert.

Im Teil II wird ab Entgeltgruppe 4 eine erfolgreich abgeschlossene Ausbildung in einem anerkannten Ausbildungsberuf gefordert. Zudem muss der handwerklich Beschäftigte in seinem oder einem verwandten Beruf beschäftigt werden. Die Rechtslage gleicht dem TV-L (siehe auch nähere Ausführungen in Kapitel 8.1). Ob der Beschäftigte seinem Beruf entsprechend eingesetzt ist, lässt sich nur anhand der aktuellen Anforderungen an den Beruf feststellen, wie sie regelmäßig durch Ausbildungs- und Prüfungsordnungen formuliert werden. Diese Informationen spiegeln sich u. a. in den Berufsbeschreibungen (Berufsbildern) wider und geben damit Aufschluss, welches berufstypische Wissen und Können in den einzelnen Berufen vermittelt wird. Nur so lässt sich feststellen, ob die auszuübende Tätigkeit für den Beruf als einschlägig anzusehen ist (vgl. BAG 24.11.1999, 4 AZR 772/98, AP Nr. 273 zu §§ 22, 23 BAT 1975 i. V. m. BAG 24.11.1999, 4 AZR 772/98, AP Nr. 11 zu § 51 TVAL II; BAG 28.09.1994, 4 AZR 830/93, AP Nr. 192; BAG 22.03.2000, 4 AZR 116/94, AP Nr. 275 beide zu §§ 22, 23 BAT 1975).

9. Die verwaltungseigene Prüfung

Bei der Anwendung des Teil II ist zu beachten, dass eine fehlende abgeschlossene Berufsausbildung gemäß § 13 TV EntgO Bund durch eine verwaltungseigene Prüfung ersetzt werden kann. Inhalt und Verfahren der verwaltungseigenen Prüfung werden in der Anlage 2 TV EntgO Bund geregelt.

10. Baukastenprinzip und Heraushebungsmerkmale

Der TVöD-Bund folgt generell – wie der BAT-B/L – dem sogenannten Baukastenprinzip: die Tätigkeitsmerkmale des TV EntgO Bund bauen grundsätzlich aufeinander auf. Je höher die Entgeltgruppe, umso höher die Anforderungen.

An verschiedenen Stellen erfolgt darüber hinaus eine Differenzierung durch sogenannte Heraushebungsmerkmale:

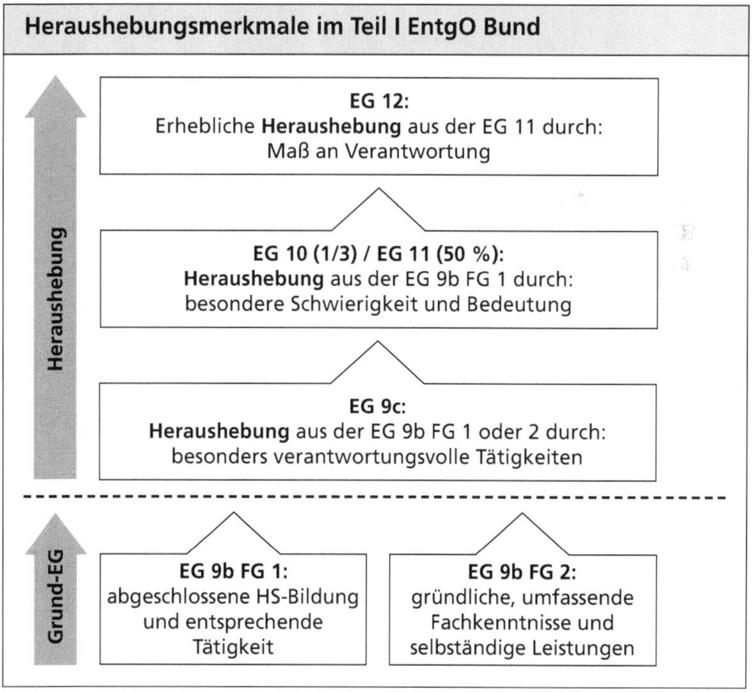

Quelle: IPW – Institut für PersonalWirtschaft GmbH

Bei solchen Aufbaumerkmalen ist zunächst zu prüfen, ob die Anforderungen der Ausgangsgruppe und anschließend diejenigen der qualifizierenden Merkmale der höheren Entgeltgruppe(n) erfüllt sind (vgl. BAG 12.05.2004, 4 AZR 371/03, AP Nr. 301; BAG 18.11.2015, 4 AZR 605/13, AP Nr. 335; beide zu §§ 22, 23 BAT 1975).

Die dem Heraushebungsmerkmal zugrunde liegenden Anforderungen werden häufig auch als Grundmerkmal bezeichnet (vgl. BAG 12.05.2004, 4 AZR 371/03, AP Nr. 301 zu §§ 22, 23 BAT 1975; BAG 07.05.2008, 4 AZR 303/07, AP Nr. 37 zu §§ 22, 23 BAT-O).

Dieses Prinzip der sich aufbauenden Anforderungen kannte auch der MTArb-Bund für Tätigkeiten der ehemaligen Arbeiter. Hier wurde aber nicht ausdrücklich von Heraushebungsmerkmalen gesprochen, sondern das Grund- und Aufbauprinzip durch folgende Formulierung verdeutlicht:

Lohngruppe 5

Arbeiter der Lohngruppe 4 Fallgruppe 1 oder 2, die hochwertige Arbeiten verrichten

Lohngruppe 6

Arbeiter der Lohngruppe 4 Fallgruppe 1 oder 2, die besonders hochwertige Arbeiten verrichten

Dass es sich auch bei diesen Lohngruppen um Aufbaugruppen und damit bei den geforderten Tätigkeitsmerkmalen (besonders) hochwertige Arbeiten um Heraushebungsmerkmale handelt, hat das BAG wiederholt klargestellt (BAG 15.02.2006, 4 AZR 634/04, AP Nr. 3 zu §§ 22, 23 BAT Rückgruppierung; BAG 27.08.2008, 4 AZR 484/07, AP Nr. 210 zu § 1 TVG Auslegung).

Der TVöD-Bund übernimmt dieses Prinzip für alle Tätigkeitsmerkmale unterhalb der Entgeltgruppe 9b. So lauten die Tätigkeitsmerkmale im Teil I beispielsweise:

Baukastenprinzip des TVöD-Bund

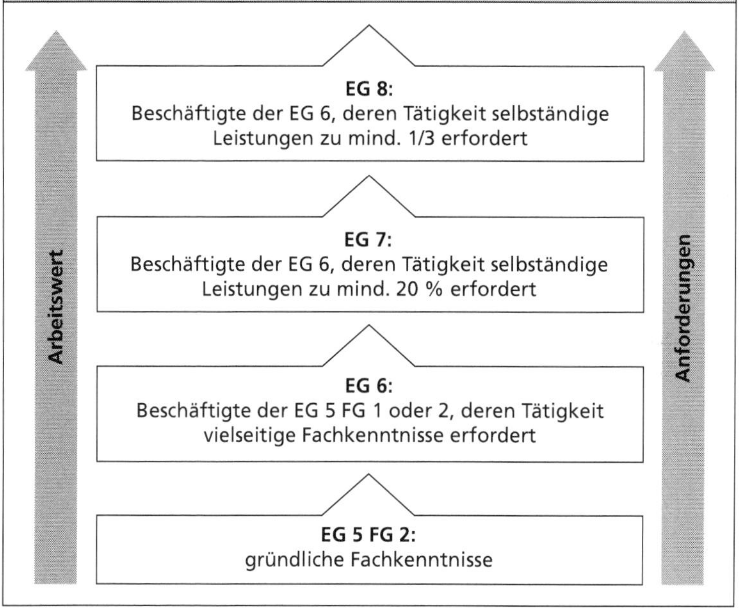

Quelle: IPW – Institut für PersonalWirtschaft GmbH

Dazu stellt § 1 Abs. 2 Satz 1 TV EntgO Bund entsprechend klar:

§ 1 Abs. 2 Satz 1 TV EntgO Bund

Werden in einem Tätigkeitsmerkmal Beschäftigte einer anderen Entgeltgruppe in Bezug genommen, handelt es sich um Beschäftigte einer Entgeltgruppe derselben jeweils kleinsten Gliederungseinheit (Unterabschnitt, Abschnitt bzw. Teil) der Entgeltordnung, wenn in dem Tätigkeitsmerkmal nicht anderes geregelt ist.

Die entsprechende Protokollerklärung zu Abs. 2 Satz 1 verdeutlicht:

Protokollerklärung zu Abs. 2 Satz 1

[1]Es müssen auch die Anforderungen des in Bezug genommen Tätigkeitsmerkmals erfüllt sein; bei mehrfachen Verweisungen auch die Anforderungen der weiteren Tätigkeitsmerkmale. [2]Die Erfüllung der Anforderungen des in Bezug nehmenden Tätigkeitsmerkmals setzt keine vorherige Eingruppierung nach dem in Bezug genommenen Tätigkeitsmerkmal voraus.

Für die Begründung der Erfüllung von Heraushebungsmerkmalen dürfen somit keine Umstände der auszuübenden Tätigkeit herangezogen werden, die bereits für die Begründung der niedrigeren Entgeltgruppe/n herangezogen wurden. Diese Umstände sind durch die Heranziehung zur Begründung einer niedrigeren Entgeltgruppe bereits „verbraucht". Anhand der Stellenbeschreibung ist es möglich, einzelne Tätigkeiten innerhalb des bewertungsrelevanten Arbeitsvorgangs zu den Merkmalen der jeweiligen Grund- und Heraushebungsgruppen zuzuordnen, so dass für die Erfüllung eines Merkmals nicht alle Tätigkeiten aus dem Arbeitsvorgang herangezogen und damit „verbraucht" werden müssen (vgl. grundlegend BAG 07.05.2008, 4 AZR 303/07, AP Nr. 37 zu §§ 22, 23 BAT-O m. w. N. auf die ständige Rechtsprechung des BAG, und BAG 22.06.2022, 4 AZR 495/21, AP Nr. 8 zu § 12 TV-L).

Wichtig: Es erfolgt ein wertender Vergleich anhand der von dem Mitarbeiter selbst auszuübenden Tätigkeiten gemäß Arbeitsvorgang. Ob Heraushebungsmerkmale vorliegen oder nicht, muss sich somit aus der aktuell auszuübenden Tätigkeit des Mitarbeiters selbst ergeben. Man kann daher von einem reinen Binnenvergleich sprechen.

Zwei aktuellere Entscheidungen des BAG gingen einen anderen Weg:

Für die Feststellung, ob eine besonders verantwortungsvolle Tätigkeit vorliegt, verlangte das BAG in seiner Entscheidung vom 21.01.2015:

BAG vom 21.01.2015

Ein wertender Vergleich betreffend das tarifliche Heraushebungsmerkmal der „besonderen Verantwortung" **verlangt danach zunächst die Benennung einer Vergleichsgruppe von Arbeitnehmern, deren Tätigkeiten entsprechend der Ausgangsfallgruppe bewertet sind. Um vergleichbar zu sein, muss die Tätigkeit dieser Arbeitnehmer zumindest eine Reihe von gemeinsamen Merkmalen mit derjenigen aufweisen, die von der klagenden Arbeitnehmerin ausgeübt wird**. Sodann ist darzulegen, dass die von den Arbeitnehmern der Vergleichsgruppe ausgeübten Tätigkeiten (mindestens) die Anforderungen der Tätigkeitsmerkmale der Ausgangsfallgruppe erfüllen. Hierfür können rechtskräftige Entscheidungen der Gerichte für Arbeitssachen, namentlich des BAG, als Indiz herangezogen werden, wenn in ihnen eine entsprechende tarifliche Bewertung dieser Tätigkeit vorgenommen wurde. Dabei ist jedoch von Bedeutung, dass eine arbeitsgerichtliche Entscheidung in einem Eingruppierungsrechtsstreit regelmäßig nicht zwingend verallgemeinerbare Aussagen über die dort beurteilte Tätigkeit im Allgemeinen enthält. So mag eine Klageabweisung unter anderem dem Umstand geschuldet sein, dass die klagende Partei es nicht vermocht hat, einen schlüssigen Klagevortrag zu erbringen. Sodann ist dieser Vergleichstätigkeit die dabei wahrzunehmende „Normalverantwortung" zuzuordnen und ihr die gesteigerte Verantwortung der Tätigkeit der klagenden Arbeitnehmerin gegenüberzustellen.

(BAG 21.01.2015, 4 AZR 253/13, AP Nr. 44 zu §§ 22, 23 BAT-O; *Hervorhebungen durch die Verfasser*)

Für die Feststellung, ob eine Tätigkeit besonders schwierig und bedeutend ist, verlangte das BAG in seiner Entscheidung vom 09.12.2015:

§

BAG vom 09.12.2015

Ein wertender Vergleich betreffend die tariflichen Heraushebungsmerkmale der „besondere[n] Schwierigkeit und Bedeutung" verlangt zunächst die Benennung einer Vergleichsgruppe von Arbeitnehmern, deren Tätigkeiten entsprechend der Vergütungsgruppe IVb Fallgruppe 1a BAT bewertet sind. Um vergleichbar zu sein, muss die Tätigkeit dieser Arbeitnehmer zumindest eine Reihe von gemeinsamen Merkmalen mit derjenigen aufweisen, die vom klagenden Arbeitnehmer ausgeübt wird. Sodann ist darzulegen, dass die von den Arbeitnehmern der Vergleichsgruppe ausgeübten Tätigkeiten (mindestens) die Anforderungen der Tätigkeitsmerkmale dieser Vergütungsgruppe erfüllen. Hierfür können rechtskräftige Entscheidungen der Gerichte für Arbeitssachen, namentlich des Bundesarbeitsgerichts, als Indiz herangezogen werden, wenn in ihnen eine entsprechende tarifliche Bewertung dieser Tätigkeit vorgenommen wurde. Dabei ist jedoch zu beachten, dass arbeitsgerichtliche Entscheidungen in Eingruppierungsrechtsstreitigkeiten regelmäßig nicht zwingend verallgemeinerungsfähige Aussagen über die dort beurteilte Tätigkeit im Allgemeinen enthalten. So mag beispielsweise eine Klageabweisung unter anderem dem Umstand geschuldet sein, dass die klagende Partei keinen schlüssigen Klagevortrag erbracht hat. (...) In einem zweiten Schritt ist dieser Vergleichstätigkeit die dabei wahrzunehmende „Normalschwierigkeit" bzw. „Normalbedeutung" zuzuordnen und ihr die besondere Schwierigkeit und Bedeutung der Tätigkeit des klagenden Arbeitnehmers gegenüberzustellen. (...)

(BAG 09.12.2015, 4 AZR 11/13, zit. nach www.bundesarbeitsgericht.de/entscheidungen)

3

Damit verließ das BAG den Weg des Binnenvergleichs und fordert stattdessen die Bildung einer Vergleichsgruppe (Außenvergleich).

Zusammengefasst erfolgte also die Prüfung und Feststellung des Vorliegens von Heraushebungsmerkmalen wie folgt:

Wertender Vergleich	
1. Schritt: Bildung einer Vergleichsgruppe (= mind. zwei Fälle mit vergleichbaren Aufgaben)	**2. Schritt: Darstellung der Heraushebung**
anhand von (BAG-)Rechtsprechung	anhand der eigenen Tätigkeiten
Darstellung und Begründung der Erfüllung des Grund- bzw. Heraushebungsmerkmals in diesen Vergleichsfällen	in Abgrenzung/Begründung des Mehrs an Fachlichkeit/Entscheidungsgewalt im Sinne der Heraushebungsmerkmale
= …	eigene Tätigkeit mehr, weil …
= …	eigene Tätigkeit mehr, weil …
= …	eigene Tätigkeit mehr, weil …

3

In der Rechtsprechung der Jahre ab 2016 ist die Bildung einer Vergleichsgruppe vom BAG nicht mehr explizit gefordert worden (siehe z. B. BAG 22.06.2022, 4 AZR 495/21, AP Nr. 8 zu § 12 TV-L); allerdings wurde das entsprechende Prüfvorgehen als solches revisionsrechtlich auch nicht beanstandet (BAG 24.02.2021, 4 AZN 897/20).

Stattdessen legt das BAG selbst – wie bereits die ständige Rechtsprechung zuvor – folgendes Vorgehen zugrunde:

BAG vom 14.10.2020

Haben die Tarifvertragsparteien die Anforderungen der Ausgangsentgeltgruppe durch die Verwendung eines feststehenden Berufsbilds oder mittels rechtlich geregelter Aus- oder Weiterbildungen bestimmt, genügt der Beschäftigte, der eine Vergütung nach einer höheren Entgeltgruppe geltend macht, deren zusätzliche tarifliche Anforderung sich erst anhand der „Normaltätigkeit" der tariflich niedriger bewerteten Tätigkeit bestimmen lässt, seiner Darlegungslast, wenn er in einem ersten Schritt Tatsachen vorträgt, die den Schluss zulassen, dass seine Tätigkeit dem Tarifmerkmal der Ausgangsentgeltgruppe entspricht. … In einem zweiten Schritt müssen diejenigen Tatsachen vorgetragen werden, aus denen sich die Erfüllung des tariflich höher bewerteten Tätigkeitsmerkmals ergeben soll.

Dabei muss erkennbar sein, welche Tatsachen zur Begründung der Tatbestandsvoraussetzungen welches Tätigkeitsmerkmals verwendet werden sollen. Begründen sie die Erfüllung des Tätigkeitsmerkmals der Ausgangsentgeltgruppe, sind sie „verbraucht", und können nicht mehr für das höherwertige Tätigkeitsmerkmal herangezogen werden.

(BAG 14.10.2020, 4 AZR 252/19, AP Nr.10 zu § 56 TVöD, Rn. 35 f.)

Praxis-Tipp:
Wie auch schon im BAT-B/L ist also zu prüfen, ob alle beanspruchten Merkmale erfüllt sind.

Für die Entgeltgruppe 8 bedeutet dies zum Beispiel, dass ein oder mehrere Arbeitsvorgänge vorliegen, die zu mindestens 50 Prozent gründliche und vielseitige Fachkenntnisse sowie zu mindestens 1/3 selbständige Leistungen erfordern.

Teil I: Die Entgeltgruppen 1 bis 9a

1. Übersicht

Die Entgeltgruppen 1 bis 9a TVöD-Bund		
EG 1	50 % einfachste Tätigkeiten	
EG 2	50 % einfache Tätigkeiten	
EG 3	50 % eingehende Einarbeitung bzw. 50 % fachliche Anlernung	
EG 4	**FG 1:** 50 % schwierige Tätigkeiten	**FG 2:** Beschäftigte der EG 3 mit 1/4 gründlichen Fachkenntnissen
EG 5	**FG 1:** abgeschlossene Berufsausbildung und entsprechende Tätigkeiten	**FG 2:** 50 % gründliche Fachkenntnisse
EG 6	Beschäftigte der EG 5 FG 1 oder 2 mit 50 % vielseitigen Fachkenntnissen	
EG 7	Beschäftigte der EG 6 mit 20 % selbständigen Leistungen	
EG 8	Beschäftigte der EG 6 mit 1/3 selbständigen Leistungen	
EG 9a	Beschäftigte der EG 6 mit 50 % selbständigen Leistungen	

Quelle: IPW – Institut für PersonalWirtschaft GmbH

2. Einfachste Tätigkeiten (Entgeltgruppe 1)

§

Entgeltgruppe 1

Beschäftigte mit einfachsten Tätigkeiten.

(Hierzu Protokollerklärung Nr. 9)

Protokollerklärung Nr. 9

[1]Einfachste Tätigkeiten üben z. B. aus

a) Beschäftigte, die Essen und Getränke ausgeben,

b) Garderobenpersonal,

c) Beschäftigte, die spülen, Gemüse putzen oder sonstige Tätigkeiten im Haus- und Küchenbereich ausüben,

d) Reinigerinnen und Reiniger in Außenbereichen wie Höfen, Wegen, Grünanlagen, Parks,

e) Wärterinnen und Wärter von Bedürfnisanstalten,

f) Serviererinnen und Servierer,

g) Hausarbeiterinnen und -arbeiter sowie

h) Hausgehilfinnen und -gehilfen.

Die Protokollerklärung Nr. 5 zu Teil II ist gleichlautend. Die Entgeltgruppe 1 erfasst „einfachste Tätigkeiten". Sie gleicht im Wesentlichen der bisherigen in Anlage 4 i. V. m. § 17 TVÜ-Bund bzw. in Anlage 3 i. V. m. § 17 TVÜ-VKA geregelten Entgeltgruppe 1. Die zum TVöD-VKA existierende Rechtsprechung gilt entsprechend. Zu beachten ist aber, dass das BAG für die Übergangsregelung im TVÜ die Bildung von Arbeitsvorgängen mangels einer bestehenden Rechtsgrundlage ausgeschlossen hatte. In der Praxis bestehen generell keine großen Unterschiede, da für die Bildung von Tätigkeiten bzw. Arbeitsvorgängen vergleichbare Kriterien gelten. Es ist aber zu beachten, dass die im Einzelfall anzuwendenden Maßstäbe für die Bildung von Tätigkeiten weniger streng sind (vgl. BAG 20.05.2009, 4 AZR 315/08, AP Nr. 1 zu § 17 TVÜ).

Wichtig: Mit der Einführung des § 12 TVöD-Bund müssen nunmehr Arbeitsvorgänge gebildet werden.

Einfachste Tätigkeiten sind regelmäßig durch diese Kriterien gekennzeichnet:

§

BAG vom 28.01.2009

Einfachste Tätigkeiten erfordern keinerlei Vor- oder Ausbildung, sondern sind vielmehr nach einer sehr kurzen Einweisung (max. 2 Tage) ausführbar. Die Einweisung bzw. Anlernphase dient dabei zur Erlangung von Arbeitsroutine und nicht um Arbeitsabläufe als solche zu beherrschen. Dies ist nicht notwendig, da es sich um Tätigkeiten handelt, die in ihrer Einfachheit nicht zu überbieten sind. Einfachste Tätigkeiten sind somit gekennzeichnet durch:

- eine klare/konkrete Aufgabenzuweisung
- vorgegebene und feststehende Tätigkeitsabläufe
- gleichförmige/gleichartige/mechanische Arbeiten, die nur geringster Überlegung bedürfen
- ohne eigenes Entscheidungsrecht zur Art und Weise der Arbeitsausführung
- die keine Abstimmung der Arbeiten mit Anderen erforderlich machen.

(BAG 28.01.2009, 4 ABR 92/07, NZA 2009, S. 1042, AP Nr. 37 zu § 99 BetrVG 1972)

Neben dem Oberbegriff der einfachsten Tätigkeiten enthält die Entgeltgruppe 1 einen Beispielskatalog. Die dort aufgezählten Beispielstätigkeiten sollen den Oberbegriff „einfachste Tätigkeiten" verdeutlichen.

Die neue Einfachheit

Mit dem Beispielskatalog befindet sich der TVöD-Bund-Anwender zunächst in einer günstigeren Ausgangsposition. Die Anwendung des Katalogs führt bei Beschäftigten, die diese Tätigkeit in einem Arbeitsvorgang bzw. mehreren Arbeitsvorgängen mit 50 Prozent der Arbeitszeit ausüben, zu einer Erleichterung: Es erfolgt keine gesonderte Prüfung mehr, ob „einfachste Tätigkeiten" vorliegen. Diese werden vielmehr unwiderlegbar vermutet, wenn der Mitarbeiter die im Beispiel genannte Tätigkeit ausübt.

Es handelt sich um sogenannte Beispielstätigkeiten. Diese konkretisieren den bewusst abstrakt gehaltenen Oberbegriff und erfüllen damit zwei Funktionen. Zum einen sollen sie die abstrakten Oberbegriffe verdeutlichen und verständlich machen:

§ **BAG vom 13.11.2019**

Soweit die allgemeinen Tätigkeitsmerkmale unbestimmte Rechtsbegriffe enthalten, sind die Tätigkeitsbeispiele im Rahmen der Auslegung dieser unbestimmten Rechtsbegriffe **als Richtlinien** für die Bewertung mit zu berücksichtigen.

(BAG 13.11.2019, 4 ABR 3/19, AP Nr. 109 zu § 1 TVG Tarifverträge: Einzelhandel; *Hervorhebung durch die Verfasser*)

Zum anderen erleichtern sie die Anwendung:

§ **BAG vom 13.05.2020**

Nach der ständigen Rechtsprechung des BAG sind die Erfordernisse eines Tätigkeitsmerkmals regelmäßig dann als erfüllt anzusehen, wenn der Arbeitnehmer eine dem in der Entgeltgruppe genannten Tätigkeits-, Regel- oder Richtbeispiel entsprechende Tätigkeit ausübt.

(BAG 13.05.2020, 4 ABR 29/19, AP Nr. 109 zu § 1 TVG Tarifverträge: Einzelhandel)

Wird demgegenüber kein Beispiel erfüllt, muss unter den sogenannten Oberbegriff „einfachste Tätigkeiten" subsumiert werden. **4**

Praxis-Tipp:

Das gilt z. B. für Reinigungskräfte im Innenbereich. Das Fehlen im Katalog führt nicht automatisch zur Eingruppierung in die Entgeltgruppe 2 TVöD-Bund.

Vielmehr muss zunächst geprüft werden, ob nicht der abstrakte Oberbegriff vorliegt. Reinigungsarbeiten im Außen- und Innenbereich sind gleichwertig (siehe auch BAG 28.01.2009, 4 ABR 92/07, zit. nach Reidelbach/Wieland/Fattler, B 900, I.). Eine Heraushebung erfolgt in eine höhere Entgeltgruppe nur für die Tätigkeit der Reinigung in anderen Bereichen (z. B. Werkstätten und Laboren), für die ein gesteigertes Maß an Geschicklichkeit oder geistiger Anstrengung notwendig ist. Bei der Eingruppierung stecken die Tücken demnach im Detail.

So ist zum einen zu beachten, dass alle Beispiele des Katalogs keine Verwaltungsarbeiten, sondern durchgängig handwerkliche/körperliche Arbeiten gemäß Teil II der Entgeltordnung beinhalten. Zum anderen wird die niedrigste Eingruppierung aus dem BAT-B/L (VG X) nicht durch Entgeltgruppe 1, sondern durch Entgeltgruppe 2 ersetzt (siehe zur vergleichbaren Rechtslage im TV-L Geier/Baschnagel, ZTR 2011, S. 331, 334). So ist in Entgeltgruppe 1 das Beispiel Bote (ohne Aufsichtsfunktion) entfallen. Damit bleibt die Entgeltgruppe 1 für Verwaltungsarbeit letztlich inhaltsleer.

3. Einfache Tätigkeiten (Entgeltgruppe 2)

§

Entgeltgruppe 2

Beschäftigte im Büro-, Buchhalterei-, sonstigen Innendienst und im Außendienst mit einfachen Tätigkeiten.

(Hierzu Protokollerklärungen Nrn. 2 und 8)

Protokollerklärung Nr. 2

Buchhaltereidienst im Sinne dieses Tätigkeitsmerkmals bezieht sich nur auf Tätigkeiten von Beschäftigten, die mit kaufmännischer Buchführung beschäftigt sind.

4

Protokollerklärung Nr. 8

[1]Einfache Tätigkeiten sind Tätigkeiten, die weder eine Vor- noch eine Ausbildung, aber eine Einarbeitung erfordern, die über eine sehr kurze Einweisung oder Anlernphase hinausgeht. [2]Die Einarbeitung dient dem Erwerb derjenigen Kenntnisse und Fertigkeiten, die für die Beherrschung der Arbeitsabläufe als solche erforderlich sind.

Die „einfachen Tätigkeiten" ersetzen die alten Merkmale „mit einfacheren Arbeiten" und „mit vorwiegend mechanischer Tätigkeit" (vgl. Geyer/Baschnagel, ZTR 2011, S. 331, 334 zur vergleichbaren Rechtslage im TV-L). In Betracht kommen damit zum Beispiel einfache Bürotätigkeiten wie Führen von Listen, Mithilfe bei der Postabfertigung, Registratur- oder Fotokopierarbeiten, die eine entsprechende Einarbeitung erfordern, die über eine kurze Einweisung im Sinne der Entgeltgruppe 1 hinausgeht. Aufbauend auf Entgeltgruppe 1 TVöD-Bund ist der Beschäftigte demnach dann in Entgeltgruppe 2 eingruppiert, wenn für die Tätigkeitsausübung eine Einweisung bzw. Einarbeitung von deutlich mehr als drei Tagen erforderlich ist. In der Regel ausreichend ist ein Zeitraum von ca. zwei Wochen (BAG 13.12.2023, 4 AZR 317/22, AP Nr. 21 zu § 12 TVöD m. w. N.). Dabei bedeutet Einarbeitung, jemanden praktisch mit einer Arbeit vertraut machen, sich hineinfinden, in der Arbeit Übung finden. Im Gegensatz zum „Einweisen" ist Einarbeitung kein einmaliger Vorgang vor Aufnahme der Tätigkeit mehr, sondern ein

Prozess, der die erste Zeit nach Aufnahme der Tätigkeit umfasst (vgl. LAG MV 10.01.2017, 2 Sa 115/16 m. w. N. auf die Rechtsprechung des BAG; zit. nach WKRS 2017, 16372).

Bei der Einarbeitungszeit ist allerdings zu unterscheiden, ob diese erforderlich ist, um allein ein gewisses Maß an Arbeitsgeschwindigkeit zu erreichen (Erwerb von Routine bei feststehenden Tätigkeitsabläufen im Sinne der Entgeltgruppe 1) oder darum, die Arbeitsabläufe als solche zu beherrschen (etwa wenn verschiedenartige Details der Tätigkeit zu erfassen sind). Im letzteren Fall spricht der Umstand einer mehrtägigen Einarbeitungszeit regelmäßig gegen eine Einordnung als einfachste Tätigkeit. Muss der Mitarbeiter also angelernt werden, um Arbeitsabläufe zu beherrschen, liegen einfache Tätigkeiten vor. Das kann etwa der Fall sein, wenn dem Beschäftigten im Rahmen der Aufgaben ein eigenständiger, nicht gänzlich unbedeutender Entscheidungs- oder Verantwortungsbereich übertragen wurde. Auch kann der Umstand von Bedeutung sein, dass es im Einzelfall zur Durchführung der übertragenen Tätigkeit regelmäßig einer Abstimmung mit anderen Personen wie Beschäftigten oder Kunden bedarf (vgl. BAG 28.01.2009, 4 ABR 92/07, AP Nr. 37 zu § 99 BetrVG 1972).

Für Entgeltgruppe 2 gilt es weiterhin zu beachten, dass eine einfache Tätigkeit im Sinne der Entgeltgruppe 2 keine Vor- oder Ausbildung erfordern darf. Unter Vorbildung sind Kenntnisse und Fertigkeiten zu verstehen, die bereits bei Aufnahme der Tätigkeit anderweitig erworben waren. Eine Ausbildung liegt vor, wenn thematisch festgelegte Kenntnisse, Fertigkeiten und Fähigkeiten vorhanden sind, die im Bedarfsfall verlässlich reproduziert werden können und die in einer festgelegten Zeitspanne systematisch vermittelt wurden. Es handelt sich also um weniger als eine Berufsausbildung nach § 1 Abs. 2 BBiG (vgl. LAG Düsseldorf 20.02.2021, 12 TaBV 38/20 m. w. N., Rev. zugelassen, ZTR 2021, S. 282 ff.).

Die für die Beherrschung der Arbeitsabläufe erforderlichen Kenntnisse und Fertigkeiten müssen also im Rahmen der Beschäftigung – und nicht im Rahmen einer Vor- oder Ausbildung – erlernbar sein. Wer diese Kenntnisse und Fertigkeiten vermittelt, ist dabei nicht ausschlaggebend. Das können der Arbeitgeber, eine externe Bildungseinrichtung, beide zusammen oder sonstige Dritte sein. Zur ordnungsgemäßen Erledigung der Aufgaben muss jedenfalls ein bestimmtes fachbezogenes Wissen nötig sein, das zwar nicht in wenigen Tagen, jedoch zeitnah in wenigen Wochen zu erlernen ist und keine besonderen Vorkenntnisse erfordert.

(vgl. LAG M-V 23.11.2021, 5 Sa 89/21 zit. nach WKRS 2021, 52577)

4. Die eingehende fachliche Einarbeitung (Entgeltgruppe 3)

§

Entgeltgruppe 3

Beschäftigte im Büro-, Buchhalterei-, sonstigen Innendienst und im Außendienst mit Tätigkeiten, für die eine eingehende Einarbeitung bzw. eine fachliche Anlernung erforderlich ist, die über eine Einarbeitung im Sinne der Entgeltgruppe 2 hinausgeht.

(Hierzu Protokollerklärung Nr. 2)

4 Die Tätigkeiten der Entgeltgruppen 1 und 2 TVöD-Bund erfordern keine (Fach-)Kenntnisse, sondern allenfalls eine Einarbeitung für Entgeltgruppe 2. In der Entgeltgruppe 3 TVöD-Bund muss hingegen eine „eingehende fachliche" Einarbeitung bzw. „fachliche Anlernung" erforderlich sein.

Der TVöD-Bund verzichtet – wie auch der inhaltsgleiche TVöD-VKA und TV-L – auf eine begriffliche und zeitliche Eingrenzung dieser Begriffe. Mit den Anforderungen an die eingehende fachliche Einarbeitung hat sich aber das BAG grundlegend mit seiner Entscheidung vom 13.12.2023 (4 AZR 317/22, AP Nr. 21 zu § 12 TVöD) auseinandergesetzt und liefert folgende wichtige Auslegungsanker:

§

BAG vom 13.12.2023

Die Heraushebung aus Entgeltgruppe 2 TVöD/VKA *(gilt auch für den inhaltsgleichen TVöD-Bund)*, für deren Tätigkeiten ausdrücklich keine Vor- oder Ausbildung erforderlich ist, besteht ausschließlich in der nach Inhalt und Dauer intensiveren Einarbeitung.

(BAG 13.12.2023, 4 AZR 317/22, Rn. 24, AP Nr. 21 zu § 12 TVöD; *Ergänzung durch die Verfasser*)

Zum Begriff der eingehenden fachlichen Einarbeitung

Der Begriff der Einarbeitung entspricht dem der Entgeltgruppe 2. Auf die obigen Ausführungen kann also verwiesen werden.

Die Begriffe „eingehend" und „fachlich" sind im Sinne des allgemeinen Sprachgebrauchs wie folgt auszulegen:

§

BAG 13.12.2023

„Eingehend" bedeutet „sorgfältig und bis ins Einzelne gehend; ausführlich, breit, gründlich, intensiv, umfassend" (*Duden,* Das Bedeutungswörterbuch, 5. Aufl., Stichwort „eingehend"); unter „fachlich" ist „ein bestimmtes Fach betreffend, dazu gehörend" (*Duden*, a. a. O. Stichwort „fachlich") zu verstehen. Eine „eingehende fachliche Einarbeitung" ist daher eine solche, bei der für die Tätigkeit objektiv erforderliche – und nicht nur förderliche – fachbezogene Kenntnisse und Fertigkeiten ausführlich vermittelt werden.

(BAG 13.12.2023, 4 AZR 317/22, Rn. 19 aa), AP Nr. 21 zu § 12 TVöD)

Zum Inhalt der eingehenden fachlichen Einarbeitung

4

Wie bei Entgeltgruppe 2 kann auch für Entgeltgruppe 3 keine Vor- oder Ausbildung vorausgesetzt werden. Diese Anforderung bezieht sich aber gemäß PE Nr. 8 zu Entgeltgruppe 2 lediglich auf die spezielle Tätigkeit und die dafür erforderlichen Kenntnisse und Fertigkeiten, nicht aber auf die allgemeine (Vor-)Bildung des Arbeitnehmers. Zur allgemeinen (Vor-)Bildung zählen insbesondere die im Rahmen der Vollzeitschulpflicht vermittelten Kenntnisse und Fertigkeiten und damit solche, über die Schüler mit dem einfachen Hauptschulabschluss als dem ersten allgemeinbildenden Schulabschluss (vgl. § 13 Abs. 3 Satz 1 HSchG) verfügen.

Wichtig: Die für die eingehende fachliche Einarbeitung erforderlichen Kenntnisse und Fertigkeiten müssen also berufs-/tätigkeitsspezifisch sein. Wissen und Können aus der Schulbildung sind nicht ausreichend.

So werden im Rahmen der Schulbildung nicht nur Lese- und Schreibfertigkeiten vermittelt, sondern auch Fremdsprachenkenntnisse und der Umgang mit anderen Menschen und anderen Kulturen (vgl. BAG 13.12.2023, 4 AZR 317/22, Rn. 36, 41(a), AP Nr. 21 zu § 12 TVöD).

Auch sonstige Qualifikationen, die im Regelfall von jedermann außerhalb des Arbeitsverhältnisses und unabhängig von diesem erworben werden, zählen nicht (z.B. Fahrerlaubnis für normale PKWs).

Ergänzender Hinweis: Bedeutsam für die Eingruppierung wird die Fahrerlaubnis aufgrund der Tätigkeitsmerkmale erst, wenn weitere qualifizierende Merkmale hinzukommen, zum Beispiel das Führen von Kraftfahrzeugen mit einem zulässigen Gesamtgewicht von mehr als 7,5 Tonnen (vgl. BAG 11.10.2006, 4 AZR 534/05, AP Nr. 9 zu § 20 BMT-G II).

Zur Dauer der eingehenden fachlichen Einarbeitung

BAG 13.12.2023

Aus der Systematik der tariflichen Regelungen ergibt sich, dass eine Einarbeitung in der Regel nur dann im zeitlichen Sinn als „eingehend" angesehen werden kann, wenn sie einen Zeitraum von mindestens sechs Wochen erfordert.

(BAG 13.12.2023, 4 AZR 317/22, Rn. 20 bb), AP Nr. 21 zu § 12 TVöD)

Zusammenfassend begründet das BAG dies wie folgt:

4 Die Anforderungen der Entgeltgruppe 3 bauen auf denen der Entgeltgruppe 2 und 1 auf. Aus zeitlicher Sicht ist für Entgeltgruppe 1 eine sehr kurze Einweisung oder Anlernphase von maximal ein bis zwei Tagen ausreichend. Für Entgeltgruppe 2 muss die Einarbeitung ca. zwei Wochen betragen. Um sich für Entgeltgruppe 3 nun nach der erforderlichen Einarbeitung im Hinblick auf ihre Intensität hinreichend abzuheben, muss dieser Zeitraum von ca. zwei Wochen deutlich überschritten sein. In der Regel wird daher ein Zeitraum von sechs Wochen erforderlich sein, um eine „eingehende fachliche Einarbeitung" annehmen zu können.

Wichtig: Das BAG relativiert den Maßstab und verdeutlicht, dass je nach Inhalt der Einarbeitung auch kürzere oder längere Zeiträume ausreichend oder erforderlich sein können.

Praxis-Tipp:

Für den Regelfall gilt also die Sechs-Wochen-Marke, im begründeten Einzelfall ein abweichender Zeitraum.

Für die Dauer kommt es darauf an, welcher Einarbeitungszeitraum objektiv bei einem Arbeitnehmer ohne berufs-/tätigkeitsbezogene Vor- und Ausbildung erforderlich ist, um die Tätigkeiten ausüben zu können. Die Einschätzung des Arbeitgebers (hausinterne/s Stellenbeschreibung, Anforderungsprofil, Einarbeitungskonzept) ist nicht maßgebend.

Für die Ermittlung der Einarbeitungsdauer spielen also nur die Kenntnisse und Fertigkeiten eine Rolle, die der Arbeitgeber nicht als allgemeine Bildung voraussetzen kann. Ob der Arbeitgeber diese bereits als Einstellungsanforderung voraussetzt (z.B. Fahrerlaubnis für einen PKW) oder diese selbst vermitteln will/kann, ist unerheblich. Einarbeitungszeit ist zudem nur die Zeit, die der theoretischen oder praktischen Vermittlung von Kenntnissen und Fertigkeiten dient. Übt der Mitarbeiter bereits ohne Anleitung/Anlernung allein seine Tätigkeiten aus, ist dieser Zeitraum nicht mehr mitzuzählen, auch wenn der Arbeitgeber selbst dies noch als Einarbeitung in seinem Einarbeitungskonzept vorsieht.

Beispiele aus der Rechtsprechung:

1. **Alltagsbegleiterin:**

   Bei der Tätigkeit der Durchführung der Aktivierungs- und Betreuungstätigkeiten einer Alltagsbegleiterin handelt es sich nicht um eine einfache Tätigkeit im Sinne der Entgeltgruppe 2 TVöD-B/VKA:

   Die Eingruppierung der Alltagsbegleiterinnen regelt die neue Ziffer 4a zum Teil B Abschnitt XI zur Anlage 1 mit der Überschrift „Alltagsbegleiterinnen und -begleiter, Betreuungskräfte sowie Präsenzkräfte". Inhaltlich bestimmt die Ziffer 4a: „Es finden die allgemeinen Tätigkeitsmerkmale des Teiles A Abschnitt I Ziffer 3 Anwendung."

   Es handelt sich bei der Tätigkeit als Alltagsbegleiterin nicht mehr um eine einfache Tätigkeit im Sinne der Entgeltgruppe 2, weil es sich nicht um eine Tätigkeit handelt, die keine Vorbildung verlangt. Eine einfache Tätigkeit im Sinne der Entgeltgruppe 2 darf keine Vor- oder Ausbildung erfordern. Unter Vorbildung sind Kenntnisse und Fertigkeiten zu verstehen, die bereits bei Aufnahme der Tätigkeit anderweitig erworben waren. Eine Ausbildung liegt vor, wenn thematisch festgelegte Kenntnisse, Fertigkeiten und Fähigkeiten vorhanden sind, die im Bedarfsfall verlässlich reproduziert werden können und die in einer festgelegten Zeitspanne systematisch vermittelt wurden. Es handelt sich also um weniger als eine Berufsausbildung gemäß § 1 Abs. 2 BBiG. Für die Tätigkeit als Alltagsbegleiterin ist eine Qualifikation im Sinne der Betreuungskräfte-Richtlinie erforderlich. Diese umfasst mindestens 160 Stunden zzgl. zwei Wochen Betreuungspraktikum. Damit ist die negative Voraussetzung für die Entgeltgruppe 2 (keine Vor- oder Ausbildung) bereits nicht mehr gegeben. Damit kommen, je nach Berücksichtigung der Qualifizierungsanforderungen gemäß Betreuungskräfte-Richtlinie, mindestens die Entgeltgruppe 3 oder 4 in Betracht. Berücksichtigt man die erforderliche vorherige Qualifikation der Alltagsbegleiterinnen nicht als Teil der fachlichen Einarbeitung im Sinne der Entgeltgruppe 3, dann kann es sich von vornherein weder um eine Tätigkeit der Entgeltgruppe 2 oder der Entgeltgruppe 3 handeln, weil zumindest eine Vorbildung erforderlich ist und diese nicht über das Merkmal der Einarbeitung abgebildet werden kann. Es handelte sich dann bei den Tätigkeiten der Alltagsbegleiterin mindestens um solche der Entgeltgruppe 4.

(vgl. LAG Düsseldorf 20.02.2021, 12 TaBV 38/20 m. w. N., Rev. zugelassen, ZTR 2021, S. 282 ff.)

2. **Service Agent am Flughafen:**

   Ziel der Aufgaben/des Arbeitsvorgangs ist es sicherzustellen, dass die mit den Kunden vereinbarten Serviceleistungen erbracht werden:

   - Betreuung älterer, mobilitätseingeschränkter oder behinderter Fluggäste
   - Betreuung alleinreisender Kinder
   - Betreuung anderer Fluggäste, die eine Begleitung benötigen

   Der Service Agent erkennt dabei die individuellen Bedürfnisse der Gäste und ergreift im Rahmen der Vorgaben die bestmöglichen Service- und Betreuungsschritte.

   Für die Tätigkeit erfolgte eine 34-tägige Einweisungsphase. Diese bestand aus einem „Lauftag" zur Klärung organisatorischer Fragen, insgesamt acht Tagen theoretischer Schulung, sechs Tagen begleitetem Arbeiten („praktische Einweisung"), sieben Tagen Vertiefung („eigenständiges Arbeiten mit Einweiser im Standby"), fünf Tagen selbstständiger Arbeit im Betrieb sowie einem Workshop am letzten Tag. Die weiteren Tage waren arbeitsfrei. Es existieren ein Handbuch „Theoriewoche" sowie ein „Betriebshandbuch", in denen die Tätigkeiten der Service Agents eingehend beschrieben werden.

Die 34-tägige Einweisungsphase reicht nicht aus, um die inhaltlichen und zeitlichen Anforderungen (siehe Kapitel 5.3) an die eingehende fachliche Einarbeitung zu erfüllen.

Im Hinblick auf den großen Anteil praktischer Übungen kann die Einarbeitung nicht als besonders intensiv angesehen werden. Die theoretische Schulung und damit reine Wissensvermittlung umfasst weniger als die Hälfte der Einweisungszeit. Die letzten fünf Tage werden die Arbeitnehmer bereits selbstständig im Betrieb eingesetzt; es erfolgt keine Vermittlung von Kenntnissen und Fertigkeiten mehr.

Die erforderlichen Kenntnisse der englischen Sprache (auf dem Niveau der Kompetenzstufe A2 des Gemeinsamen europäischen Referenzrahmens für Sprachen) und im Umgang mit anderen Kulturen entsprechen denen, über die Schüler mit dem einfachen Hauptschulabschluss als dem ersten allgemeinbildenden Schulabschluss verfügen (vgl. § 2 Abs. 2 Nrn. 3, 4, 6 HSchG).

(BAG 13.12.2023, 4 AZR 317/22, AP Nr. 21 zu § 12 TVöD)

Die Begriffe „eingehende Einarbeitung" und **„fachliche Anlernung"** unterscheiden sich dadurch, dass bei der Einarbeitung der Beschäftigte produktiv mitarbeitet, bei der Anlernung hingegen das Üben und Probieren ohne gleichzeitigen vollen Einsatz im Mittelpunkt steht. Eine Anlernung mag sich in zeitlicher Hinsicht nicht von einer eingehenden Einarbeitung unterscheiden. Beide müssen daher über den Zeitraum von mehreren Tagen oder wenigen Wochen hinausgehen. Im Unterschied zur Einarbeitung steht bei der fachlichen Anlernung aber zunächst nicht die Arbeit im Mittelpunkt, sondern eine Art innerbetriebliche Ausbildung. Bei der Einarbeitung arbeitet der Beschäftigte produktiv mit. Bei der Anlernung steht das Üben und Probieren – eben der Lernaufwand – im Mittelpunkt, ohne den vollen gleichzeitigen Arbeitseinsatz (vgl. LAG Nürnberg 05.08.2015, 2 Sa 21/15, ZTR 2015, S. 651 ff.).

5. Die Entgeltgruppe 4

Die Entgeltgruppe 4 sieht zwei Eingruppierungsmöglichkeiten vor:

§

Entgeltgruppe 4

1. **Beschäftigte im Büro-, Buchhalterei-, sonstigen Innendienst und im Außendienst mit schwierigen Tätigkeiten.**

   (Hierzu Protokollerklärungen Nrn. 2 und 7)

2. **Beschäftigte der Entgeltgruppe 3, deren Tätigkeit mindestens zu einem Viertel gründliche Fachkenntnisse erfordert.**

   (Hierzu Protokollerklärung Nr. 6)

Protokollerklärung Nr. 7

Schwierige Tätigkeiten sind solche, die mehr als eine eingehende Einarbeitung bzw. mehr als eine fachliche Anlernung i. S. der Entgeltgruppe 3 erfordern, z. B. durch einen höheren Aufwand an gedanklicher Arbeit.

Protokollerklärung Nr. 6

Erforderlich sind nähere Kenntnisse von Gesetzen, Verwaltungsvorschriften und Tarifbestimmungen usw. des Aufgabenkreises.

4

Schwierige Tätigkeiten im Sinne der Entgeltgruppe 4 Fallgruppe 1 TVöD-Bund fordern gegenüber der Entgeltgruppe 3 ein „Mehr" als nur eine eingehende Einarbeitung bzw. fachliche Anlernung. Als Abgrenzungsmerkmal dient die wenig aussagekräftige Formulierung „zum Beispiel durch einen höheren Aufwand an gedanklicher Arbeit", zumal die Rechtsprechung zum BAT die Formulierung „durch einen höheren Aufwand an gedanklicher Arbeit" als nähere Erläuterung der Anforderungen an schwierigere Tätigkeiten im Sinne der Vergütungsgruppe VIII Fallgruppe 1a Teil I BAT-B/L verwendete (vgl. z. B. BAG 10.12.1975, 4 AZR 41/75, AP Nr. 90 zu §§ 22, 23 BAT).

Praxis-Tipp:

Wohl zur Klarstellung haben sich die Tarifvertragsparteien des TVöD-Bund – wie schon zum TV-L – auf folgende Zuordnung der alten Beispielstätigkeiten zur Vergütungsgruppe VIII Fallgruppe 1a BAT-B/L verständigt:

Beispielkatalog zu Vergütungsgruppe VIII Fallgruppe 1a	Entgelt-gruppe 3	Entgelt-gruppe 4
1. Mitwirkung bei der Bearbeitung laufender oder gleichartiger Geschäfte nach Anleitung	x	
2. Entwerfen von dabei zu erledigenden Schreiben nach skizzierten Angaben	x	
3. Erledigung ständig wiederkehrender Arbeiten in Anlehnung an ähnliche Vorgänge – auch ohne Anleitung –	x	
4. Führung von Karteien oder elektronischen Dateien, die nach technischen oder wissenschaftlichen Merkmalen geordnet sind oder deren Führung die Kenntnis fremder Sprachen voraussetzt		x

(vgl. Niederschriftserklärung zu Teil I, Entgeltgruppe 4 Fallgruppe 1 TVöD-Bund)

Mit den ersten drei Beispielen sind vor allem klassische Sekretariatsaufgaben umschrieben, wie sie regelmäßig der Vergütungsgruppe VIII Fallgruppe 1a BAT-B/L zugeordnet wurden, zum Beispiel Sekretär (BAG 22.01.2003, 4 ABR 12/02, ZTR 2003, S. 454–457) mit diesen Aufgaben:

1. Posteingang und -ausgang
2. Annahme von Telefonaten und ggf. Weiterleitung an den zuständigen Mitarbeiter
3. Terminkoordination
4. Annahme und Bearbeitung von Literaturbestellungen, Anfragen und Bearbeitung von Informationsaufgaben
5. Vorbereitung und Organisation von Sitzungen und Veranstaltungen
6. Zusammenstellung von Vorlagen für diverse Besprechungen, Ausschüsse, Dienstreisen: Artikel aus Büchern, Zeitschriften etc. (auch in Englisch)
7. Deutsche und englischsprachige Korrespondenz nach skizzierten Angaben bzw. Diktat

8. Anfertigen von Folien für Vorträge einschließlich Auswahl der Mittel für eine optisch ansprechende Gestaltung, Überarbeitung von wissenschaftlichen Berichten sowie teilweise Korrekturlesen von Textbeiträgen
9. Aktenablage
10. Erledigen der Chefpost
11. Termin- und Reiseplanung für den Leiter und die Mitarbeiter der Organisationseinheit (Ausfüllen der Dienstreiseformulare, Auswahl von Verkehrsmitteln und Hotels, Zusammenstellung von Reiseunterlagen einschließlich der für die jeweilige Tagung benötigten Arbeitsunterlagen und ggf. auch Beschaffung von Visa)

    Schwierig zu bearbeitende Geschäftsvorfälle, wie zum Beispiel die Abrechnung von sogenannten Zwischendienstreisen, Dienstreisen in Verbindung mit Privatreisen oder Urlaub, gehören nicht zu den Aufgaben, sondern werden von der zentralen Reisekostenstelle und einem Reisebüro erledigt.

12. Verwaltung der Adressdatenbank
13. Literatur- und Adressrecherche über das Internet

Praxis-Tipp:

So können diese Aufgaben auch nach den neuen Tätigkeitsmerkmalen des TVöD-Bund, soweit keine passiven Fremdsprachenkenntnisse bzw. fachwissenschaftlichen oder -technischen Fachterminologien erforderlich sind, zunächst der Entgeltgruppe 3 zugeordnet werden. Ob sich die Auffassung der Tarifvertragsparteien gemäß Niederschriftserklärung zu Teil I, Entgeltgruppe 4 Fallgruppe 1 TVöD-Bund in der Rechtsprechung durchsetzen wird, bleibt abzuwarten.

Die Tätigkeitsmerkmale der Fallgruppe 2 (gründliche Fachkenntnisse) entsprechen dem Tätigkeitsmerkmal der Entgeltgruppe 5 Fallgruppe 2 TVöD-Bund. Für Entgeltgruppe 4 Fallgruppe 2 reicht im Unterschied zu Entgeltgruppe 5 Fallgruppe 2 ein geringerer Zeitanteil von 25 Prozent, ansonsten kann zur Anwendung des Tätigkeitsmerkmals an sich auf die folgenden Ausführungen zur Entgeltgruppe 5 verwiesen werden.

6. Abgeschlossene Ausbildung und entsprechende Tätigkeiten vs. gründliche Fachkenntnisse (Entgeltgruppe 5)

§

Entgeltgruppe 5

1. **Beschäftigte im Büro-, Buchhalterei-, sonstigen Innendienst und im Außendienst mit abgeschlossener Berufsausbildung und entsprechender Tätigkeit.**

   (Hierzu Protokollerklärung Nr. 2)

2. **Beschäftigte im Büro-, Buchhalterei-, sonstigen Innendienst und im Außendienst, deren Tätigkeit gründliche Fachkenntnisse erfordert.**

   (Hierzu Protokollerklärungen Nrn. 2 und 6)

Abgeschlossene Ausbildung und entsprechende Tätigkeiten

Die Entgeltgruppe 5 Fallgruppe 1 TVöD-Bund fordert eine abgeschlossene Berufsausbildung und entsprechende Tätigkeiten. Diese Formulierung zielt auf einen anerkannten Ausbildungsberuf ab. Bei der anerkannten (Berufs-)Ausbildung handelt es sich um ein subjektiv zu erfüllendes Tätigkeitsmerkmal: § 6 TV EntgO Bund spricht von „Voraussetzungen in der Person". Eine abgeschlossene Berufsausbildung liegt gemäß § 11 Satz 1 und 2 TV EntgO Bund vor, wenn...

4

§

§ 11 Satz 1 und 2 TV EntgO Bund

... eine Abschlussprüfung in einem nach dem Berufsbildungsgesetz oder nach der Handwerksordnung staatlich anerkannten oder als staatlich anerkannt geltenden Ausbildungsberuf mit einer Ausbildungsdauer von mindestens drei Jahren erfolgreich bestanden wurde. In Tätigkeitsmerkmalen genannte Ausbildungsberufe umfassen auch die entsprechenden früheren Ausbildungsberufe.

Rechtsgrundlage für die Berufsausbildung im Sinne des Teil I kann nur das Berufsbildungsgesetz sein, da die Handwerksordnung gemäß § 25 Abs. 1 HwO Ausbildungen im handwerklichen Bereich regelt. Für handwerkliche Tätigkeiten gelten aber die allgemeinen Tätigkeitsmerkmale des Teil II bzw. die speziellen Tätigkeitsmerkmale (siehe nähere Ausführungen unter Kapitel 3.6). Die Ausbildung muss nach der dazu ergangenen Ausbildungsordnung erfolgen (§ 4 BBiG). Als abgeschlossen im berufsbildungsrechtlichen Sinne gilt eine solche Ausbildung, wenn der Auszubildende die Prüfung vor der zuständigen Stelle erfolgreich bestanden hat (§ 37 BBiG).

Nach der Rechtsprechung des BAG ist eine „entsprechende Tätigkeit" im tariflichen Sinne anzunehmen, wenn sich die auszuübende Tätigkeit auf die konkrete Fachrichtung der jeweils erforderlichen Ausbildung bezieht und sie die durch die Ausbildung erworbenen Fähigkeiten gerade erfordert. Nicht ausreichend ist es, wenn die entsprechenden Kenntnisse des Beschäftigten für den übertragenen Aufgabenbereich lediglich nützlich oder erwünscht sind. Sie müssen vielmehr im tariflichen Sinne zur Ausübung der Tätigkeit erforderlich, d. h. notwendig sein.

(BAG 27.09.2017, 4 AZR 666/14, AP Nr. 5 zu § 16 TVöD m. w. N.)

Von einer entsprechenden Tätigkeit kann also nur dann ausgegangen werden, wenn Ausbildung und auszuübende Tätigkeit in den – den Beruf prägenden – wesentlichen Einzelheiten übereinstimmen. Auszuübende Tätigkeit und Inhalt der Ausbildung müssen sich somit zu einem großen Teil überschneiden (vgl. BAG 24.01.2007, 4 AZR 28/06, AP Nr. 10 zu § 20 BMT-G II).

So belegen die Tätigkeiten eines Arbeiters (Gleiches gilt für den Teil I TVöD-Bund entsprechend!) auf einem eng begrenzten Teilgebiet eines Ausbildungsberufs (hier: demjenigen des Kraftfahrzeugmechanikers) regelmäßig nicht, dass die auszuübenden Tätigkeiten die abgeschlossene einschlägige Berufsausbildung erfordern (vgl. BAG 24.11.1999, 4 AZR 772/98, AP Nr. 11 zu § 51 TVAL II).

Praxis-Tipp:

Ob „entsprechende Tätigkeiten" vorliegen, kann also anhand der jeweiligen Berufsbilder ermittelt werden (siehe nähere Ausführungen unter Kapitel 3.8).

Beispiele aus der Rechtsprechung:

1. Die **Verwaltungsmitarbeiterin in einem Museum** hat eine mindestens dreijährige Ausbildung erfolgreich abgeschlossen. Die Betreuung der Mitarbeiter in Personalangelegenheiten (Reisekosten, Bescheinigungswesen, Personalaktenführung, Zeiterfassung, Führen entsprechender Übersichten und Statistiken) entspricht ihrer Ausbildung zur Bürokauffrau.

   (vgl. LAG M-V 19.01.2022, 5 TaBV 4/21 m. w. N., ZTR 2022, S. 237 ff.)

2. Die Mitarbeiterin verfügt als **Schulsekretärin am Berufskolleg** über eine abgeschlossene dreijährige Berufsausbildung als Rechtsanwalts- und Notargehilfin und übt als Schulsekretärin mit den beiden Arbeitsvorgängen „Unterstützung der Schulleitung" und „Verwaltung des Schulbudgets" eine entsprechende Tätigkeit aus.

   (vgl. LAG Hamm 10.08.2022, 3 Sa 1592/21 m. w. N., Rev. nicht zugelassen, ZTR 2023, S. 97 ff.)

Gründliche Fachkenntnisse

Gründliche Fachkenntnisse gemäß Entgeltgruppe 5 Fallgruppe 2 TVöD-Bund erfordern nach wie vor nähere Kenntnisse von Gesetzen, Tarifbestimmungen usw. Die Regelung knüpft an den BAT-B/L an. Auf die bestehende (BAG-)Rechtsprechung kann also zurückgegriffen werden.

Aus dem Vergleich mit den Anforderungen der Entgeltgruppen 4 und 3 TVöD-Bund wird ersichtlich, dass gründliche Fachkenntnisse höhere Anforderungen stellen als „schwierige Tätigkeiten" im Sinne der Entgeltgruppe 4 TVöD-Bund bzw. mehr als eine fachliche Anlernung im Sinne der Entgeltgruppe 3 TVöD-Bund.

Daraus folgt, dass die gründlichen Fachkenntnisse grundsätzlich das Niveau erreichen müssen, wie es in einer gesetzlich geregelten Ausbildung vermittelt wird. Da dieses Tätigkeitsmerkmal aber bereits – mit einem Zeitanteil von einem Viertel – in Entgeltgruppe 4 Fallgruppe 2 TVöD-Bund auftaucht, können nicht im Detail die gleichen Anforderungen gestellt werden. Ausreichend ist vielmehr auch außerhalb der gesetzlichen Ausbildungsvorschriften (BBiG) erlangtes oder berufliches Erfahrungswissen, was der Rechtslage in Vergütungsgruppe VII Fallgruppe 1b BAT-B/L entspricht.

Andererseits ist zu beachten, dass die Rechtsprechung zu gründlichen Fachkenntnissen ein qualitatives und quantitatives Element fordert. Es werden Fachkenntnisse von nicht unerheblichem Ausmaß und nicht nur oberflächlicher Art gefordert (vgl. BAG 21.03.2012, 4 AZR 266/10, AP Nr. 317 zu §§ 22, 23 BAT 1975; BAG 30.11.2022, 4 AZR 195/22, AP Nr. 48 zu §§ 22, 23 BAT-O). Nicht nur unerhebliches Ausmaß betrifft die Quantität, nicht nur oberflächlicher Art die Qualität der Kenntnisse.

Beide Elemente – Qualität und Quantität – sind im Rahmen der Eingruppierungsfeststellung zu prüfen und zu begründen. Die Qualität der Fachkenntnisse betrifft insoweit die Tiefe der erforderlichen Kenntnisse, die Quantität das Ausmaß (vgl. BAG 22.11.2017, 4 AZR 629/16, AP Nr. 339 zu §§ 22, 23 BAT 1975, ZTR 2018, S. 259 ff.; vgl. BAG 27.02.2019, 4 AZR 562/17, AP Nr. 340 zu §§ 22, 23 BAT 1975; vgl. auch LAG Düsseldorf 15.05.2019, 12 Sa 465/18, ZTR 2019, S. 430 ff.; vgl. BAG 16.10.2019, 4 AZR 284/18, AP Nr. 341 zu §§ 22, 23 BAT 1975).

Diese Kenntnisse müssen erforderlich sein, das heißt sie müssen zur ordnungsgemäßen Erledigung der auszuübenden Tätigkeiten benötigt werden (vgl. BAG 31.07.2002, 4 AZR 129/01, AP Nr. 291 zu §§ 22, 23 BAT 1975; vgl. BAG 27.02.2019, 4 AZR 562/17, AP Nr. 340 zu §§ 22, 23 BAT 1975).

Die Qualität/Tiefe der Kenntnisse muss zur Anerkennung gründlicher Fachkenntnisse erfordern, dass der Mitarbeiter für seine Tätigkeiten mehr als nur einen allgemeinen Überblick und groben Einblick in die erforderlichen Vorschriften benötigt (vgl. BAG 30.11.2022, 4 AZR 195/22, AP Nr. 48 zu §§ 22, 23 BAT-O). Ein Indiz für die erforderliche Tiefe der Fachkenntnisse kann Lehrgangs-/Unterrichtsmaterial sein, wenn dieser Lehrgang gezielt der Qualifizierung für eine konkrete auszuübende Tätigkeit dient (vgl. BAG 27.02.2019, 4 AZR 562/17, AP Nr. 340 zu §§ 22, 23 BAT 1975).

Bezüglich der Quantität/Ausmaß der Kenntnisse ist zunächst zu beachten, dass nähere Kenntnisse in ganz geringem Umfang nicht ausreichen. Es ist aber nicht erforderlich, dass der Arbeitnehmer alle Normen voll beherrschen muss. Vielmehr reicht es aus, wenn er den Normalfall richtig bearbeiten kann. Es muss sich somit zumindest um Routinesachbearbeitung (Bearbeitung regelmäßig gleichgelagerter Fälle) handeln (vgl. BAG 16.10.2019, 4 AZR 284/18, AP Nr. 341 zu §§ 22, 23 BAT 1975; LAG Düsseldorf 15.05.2019, 12 Sa 465/18, ZTR 2019, S. 430 ff.).

Fachkenntnisse sind dabei all diejenigen Kenntnisse, die unerlässlich sind, um die übertragenen Aufgaben ordnungsgemäß erfüllen zu können (BAG 30.11.2022, 4 AZR 195/22, AP Nr. 48 zu §§ 22, 23 BAT-O; BAG 22.01.2003, 4 ABR 12/02, ZTR 2003, S. 454–457).

Die Fachkenntnisse müssen sich nicht auf Gesetze und Tarifverträge beschränken, die lediglich als Beispiele dienen (vgl. BAG 21.03.2012, 4 AZR 266/10, AP Nr. 317; beide zu §§ 22, 23 BAT 1975).

Fachkenntnisse liegen danach auch in folgenden Fällen vor:

- bautechnische Kenntnisse

  (vgl. BAG 20.10.1993, 4 AZR 45/93, AP Nr. 172 zu §§ 22, 23 BAT 1975)

- Kenntnisse der Betriebsorganisation, Beachtung umfangreicher hausinterner Arbeits-/Dienstanweisungen

  (vgl. 30.11.2022, 4 AZR 195/22, AP Nr. 48 zu §§ 22, 23 BAT-O; BAG 16.10.2019, 4 AZR 284/18, AP Nr. 341 zu §§ 22, 23 BAT 1975)

- Kenntnisse in den Bereichen Datenbeschaffung, Statistik, Kartografie

  (vgl. BAG 19.03.1986, 4 AZR 642/84, AP Nr. 116 zu §§ 22, 23 BAT 1975)

- grafisch-künstlerische Kenntnisse (z. B. Fotografie und Drucktechnik)

  (vgl. BAG 07.10.1981, 4 AZR 225/79, AP Nr. 49 zu §§ 22, 23 BAT 1975)

- handwerkliche, technische und warenkundliche Kenntnisse

  (vgl. BAG 03.06.1981, 4 AZR 118/78, AP Nr. 45; BAG 29.09.1982, 4 AZR 1172/79, AP Nr. 67 beide zu §§ 22, 23 BAT 1975)

- naturwissenschaftliche Kenntnisse

  (BAG 28.04.1982, 4 AZR 707/79, AP Nr. 62 zu §§ 22, 23 BAT 1975)

- Kenntnisse der englischen Sprache

  (BAG 28.04.1982, 4 AZR 707/79, AP Nr. 62 zu §§ 22, 23 BAT 1975; LAG Hamm 06.03.2007, 12 Sa 1317/06)

- pädagogische Kenntnisse

  (vgl. BAG 31.03.1982, 4 AZR 1099/79, AP Nr. 64 zu §§ 22, 23 BAT 1975)

- physikalisch-chemisch-technische Kenntnisse

  (vgl. BAG 28.05.1980, 4 AZR 461/78, AP Nr. 33 zu §§ 22, 23 BAT 1975)

- technische Kenntnisse

  (vgl. BAG 16.10.1985, 4 AZR 149/84, AP Nr. 108 zu §§ 22, 23 BAT 1975)

- Kenntnisse auf dem Gebiet der Unfallverhütungsvorschriften und des Betriebs einer Tankstelle

  (vgl. BAG 22.10.1986, 4 AZR 568/85, AP Nr. 126 zu §§ 22, 23 BAT 1975)

- wirtschaftlich-kaufmännische sowie technische Kenntnisse

  (vgl. BAG 11.09.1985, 4 AZR 271/84, AP Nr. 107; BAG 16.04.1986, 4 AZR 595/84, AP Nr. 120 beide zu §§ 22, 23 BAT 1975)

- fachspezifische und entsprechende EDV-Anwender-Kenntnisse

  (vgl. BAG 10.12.1997, 4 AZR 221/96, AP Nr. 237 zu §§ 22, 23 BAT 1975; LAG M-V 20.03.2018, 5 Sa 53/17, zit. nach www.landesrecht-mv.de)

- Erfahrungswissen

  (BAG 30.11.2022, 4 AZR 195/22, AP Nr. 48 zu §§ 22, 23 BAT-O; BAG 22.01.2003, 4 ABR 12/02, ZTR 2003, S. 454 ff.)

Allgemeine Fähigkeiten oder sogenannte Schlüsselqualifikationen ohne Tätigkeitsbezug reichen aber nicht aus.

Dementsprechend müssen gründliche Fachkenntnisse von allgemeinen Fähigkeiten bzw. sogenannten Schlüsselqualifikationen ohne konkreten Tätigkeitsbezug abgegrenzt werden.

Gründliche Fachkenntnisse	Allgemeine Fähigkeiten, Schlüsselqualifikationen
Nähere Kenntnisse von Rechtsvorschriften oder näheres kaufmännisches oder technisches Fachwissen usw. des Aufgabenkreises (vgl. Klammersatz zu Entgeltgruppe 5 Fallgruppe 2)	Allgemeine Fähigkeiten, wie: ■ Organisations- und Verhandlungsgeschick ■ Geschäftsgewandtheit ■ besondere Zuverlässigkeit ■ Vertrauenswürdigkeit (Reidelbach/Wieland/Fattler, Kap. 1, Rn. 228) Sog. Schlüsselqualifikationen, wie: ■ Innovations- und Umstellungsfähigkeit ■ Lernbereitschaft und -fähigkeit ■ soziale Kompetenz und Kooperationsfähigkeit ■ Kreativität (vgl. Mentzel, S. 170)

Auf die Art der Kenntnisse und darauf, woher der Arbeitnehmer sie bezogen hat, kommt es nicht an (vgl. BAG 29.08.1984, 4 AZR 338/82, AP Nr. 94 zu §§ 22, 23 BAT 1975).

Beispiele aus der Rechtsprechung:

Beispiel 1:

Die Tätigkeit als **Wachpolizist im zentralen Objektschutz** stellt einen einzigen Arbeitsvorgang dar und fordert gründliche Fachkenntnisse:

Die zur Ausübung der Tätigkeit erforderlichen Kenntnisse ergeben sich zunächst aus den Posten-/Streifenanweisungen. Die für die darin beschriebenen Maßnahmen erforderlichen Rechtskenntnisse sind der PDieVO (Verordnung über die Wahrnehmung bestimmter polizeilicher Aufgaben durch Dienstkräfte der Polizei) sowie der PAng OS (Dienstanweisung für Polizeiangestellte im Objektschutz) – dort insbesondere Nr. 5 – zu entnehmen. Diese werden den Polizeiangestellten im Objektschutz nach den vorgelegten Unterrichtsmaterialien u.a. im Modul 2 „Rechtskunde" des Grundlehrgangs vermittelt.

Im Einzelnen führen diese Kenntnisse zur Anerkennung gründlicher Fachkenntnisse und nicht nur schwieriger Tätigkeiten im Sinne der Entgeltgruppe 4:

1. Ermittlungen, Befragungen und Datenerhebungen (§ 18 Allgemeines Gesetz zum Schutz der öffentlichen Sicherheit und Ordnung in Berlin – ASOG), Identitätsfeststellung (§ 21 ASOG), die Prüfung von Berechtigungsscheinen (§ 22 ASOG), Platzverweisungen (§ 29 ASOG), Ingewahrsamnahmen von Personen (§ 30 ASOG), Durchsuchung von Personen (§ 34 ASOG) und Sachen (§ 35 ASOG), das Betreten von Arbeits-, Betriebs- und Geschäftsräumen sowie anderen der Öffentlichkeit zugänglichen Räumen und Grundstücken (§ 36 ASOG) sowie die Sicherstellung von Sachen (§ 38 ASOG)

2. Ausübung unmittelbaren Zwangs (§ 12 Verwaltungs-Vollstreckungsgesetz – VwVG)

3. Befugnisse nach § 19 UZwG zum Gebrauch von Hiebwaffen und Reizstoffen, nach § 20 UZwG zur Fesselung von Personen und nach § 11 UZwG zum Schusswaffengebrauch zur Verhinderung von Verbrechen oder Vergehen unter Anwendung oder Mitführung von Schusswaffen oder Explosionsmitteln (UZwG – Gesetz über die Anwendung unmittelbaren Zwanges bei der Ausübung öffentlicher Gewalt durch Vollzugsbeamte des Landes Berlin)

4. Kenntnisse über die Möglichkeit des Schusswaffengebrauchs zur Notwehr und Nothilfe nach § 32 StGB und § 227 BGB

5. Kenntnisse zu §§ 81a und 81c StPO (körperliche Untersuchung des Beschuldigten, Zulässigkeit körperlicher Eingriffe und Untersuchung anderer, nicht beschuldigter Personen), § 127 Abs. 1 Satz 1 StPO (vorläufige Festnahme) und § 36 Abs. 1 StVO (Zeichen und Weisungen der Polizeibeamten)

6. Kenntnisse über die Möglichkeiten zur Datenerhebung (§ 46 Abs. 1 OWiG i. V. m. § 163 Abs. 1 Satz 2 StPO) und Identitätsfeststellung (§ 46 Abs. 1 OWiG i. V. m. § 163b Abs. 1 Satz 1 Halbs. 1 StPO), soweit die Angehörigen der Wachpolizei zur

4

Erteilung von Verwarnungen nach dem OWiG ermächtigt sind (§§ 57, 58 OWiG)

7. Rechtskenntnisse über Straftatbestände wie Hausfriedensbruch (§ 123 StGB), Beleidigung (§ 185 StGB), Freiheitsberaubung (§ 239 StGB), Nötigung (§ 240 StGB), Bedrohung (§ 241 StGB), Sachbeschädigung (§ 303 StGB) und unterlassene Hilfeleistung (§ 323c StGB)

8. als Waffenträger: Kenntnisse über die Zulässigkeit der Anwendung, die praktische Handhabung und die sichere Verwahrung und Pflege der Waffe

9. Erfahrungswissen im Hinblick auf die Besonderheit, dass der Mitarbeiter in Einzelverantwortung tätig wird und in jeder Situation bei der Prüfung von Sachverhalten mit „psychologischem Einfühlungsvermögen" und „polizeilichem Gespür" eigene Überlegungen anstellen, die Initiative ergreifen und selbstständig die erforderlichen Maßnahmen treffen muss

10. Kenntnisse über die Lage, örtlichen Gegebenheiten und Sicherheitseinrichtungen der jeweiligen Objekte; Informationen über Bewohner und Besucher (enthalten in Objektschutzbefehlen, Posten-/Streifenanweisungen)

Die o. g. Kenntnisse erreichen damit – bereits aufgrund der Vielfalt – ein nicht unerhebliches Ausmaß und sind damit in quantitativer Hinsicht „gründlich" im Sinne des Tarifmerkmals.

Für die Bestimmung des Ausmaßes der Normenkenntnisse ist ihr Inhalt, ihre Komplexität und der Umfang der durch sie begründeten Befugnisse maßgebend. Bei den vorliegend vom Mitarbeiter anzuwendenden Normen handelt es sich um vielschichtige Eingriffsnormen, die bereits in geringer Anzahl ein nicht unerhebliches Ausmaß an Fachkenntnissen begründen können. Zudem muss er in der Lage sein, sowohl präventiv zur Gefahrenabwehr als auch repressiv zur Strafverfolgung tätig zu werden.

Die zur Ausübung der Tätigkeit erforderlichen Kenntnisse sind zudem nicht nur oberflächlicher Art und erfüllen damit ebenso in qualitativer Hinsicht die Anforderungen an „gründliche Fachkenntnisse". Der Mitarbeiter muss den Inhalt und die Bedeutung der von ihm anzuwendenden Normen so detailliert kennen, dass er in der Lage ist, diese im Falle des Eintritts einer Gefahr und der Begehung einer Straftat schnell anzuwenden.

Das betrifft nicht nur die Voraussetzungen der Normen und die für den Mitarbeiter daraus folgenden Befugnisse, sondern auch die erforderlichen Abwägungen mit Blick auf die Verhältnismäßigkeit der jeweiligen Maßnahme. Bereits dies ist ausreichend, um Kenntnisse nicht nur oberflächlicher Art anzunehmen. Entgegen der Auffassung des Arbeitgebers liegen solche nicht erst dann vor, wenn Kenntnisse von Aufbau, Systematik und Entstehungsgeschichte eines Gesetzes erforderlich sind und Normen derart tiefgründig beherrscht werden müssen, dass der Anwender „Anklage erheben" und „alle ... Tatbestandsvoraussetzungen nachweisen" kann. Ein derartiges Wissen erfordert regelmäßig ein Hochschulstudium und damit weit über das Tarifmerkmal „gründlich" hinausgehende Fachkenntnisse. Die Kenntnisse des Mitarbeiters beschränken sich weiterhin nicht deshalb auf solche oberflächlicher Art, weil er die Möglichkeit hat, die Abschnittspolizei zur Unterstützung heranzuziehen. Der Mitarbeiter muss zur Gefahrenabwehr u. U. sofort tätig werden. Er hat nicht die Möglichkeit, grundsätzlich das Eintreffen der Abschnittspolizei abzuwarten.

(vgl. BAG 30.11.2022, 4 AZR 195/22, AP Nr. 48 zu §§ 22, 23 BAT-O)

4

Beispiel 2:

Bei einem **Mitarbeiter im Bereich Materialwirtschaft**, der für die Abwicklung des Verwertungsprozesses durch Weiterverkauf von gebrauchtem Inventar, Anlagen und Schrott zuständig ist, liegen gründliche (und vielseitige) Fachkenntnisse vor. Die gründlichen Fachkenntnisse ergeben sich aus den für die Tätigkeit erforderlichen Kenntnissen auf dem Gebiet des Kauf- und Handelsrechts, wie sie im Rahmen einer kaufmännischen Ausbildung vermittelt werden.

(vgl. LAG Köln 24.06.2021, 6 Sa 975/20, zit. nach WKRS 2021, 37070)

7. Vielseitige Fachkenntnisse (Entgeltgruppe 6)

Entgeltgruppe 6

Beschäftigte der Entgeltgruppe 5 Fallgruppe 1 oder 2, deren Tätigkeit vielseitige Fachkenntnisse erfordert.

(Hierzu Protokollerklärung Nr. 5)

Protokollerklärung Nr. 5

[1]Die gründlichen und vielseitigen Fachkenntnisse brauchen sich nicht auf das gesamte Gebiet der Verwaltung/des Betriebes, in der/dem der Beschäftigte tätig ist, zu beziehen. [2]Der Aufgabenkreis der/des Beschäftigten muss aber so gestaltet sein, dass er nur beim Vorhandensein gründlicher und vielseitiger Fachkenntnisse ordnungsgemäß bearbeitet werden kann.

Der Text der Entgeltgruppe 6 TVöD-Bund spricht lediglich von „vielseitigen" Fachkenntnissen. Die ausdrückliche Bezugnahme auf „Beschäftigte der Entgeltgruppe 5 ..." zeigt aber, dass an die alte Rechtslage angeknüpft wird, die in Vergütungsgruppe VII Fallgruppe 1a BAT-B/L von „gründlichen und vielseitigen" Fachkenntnissen gesprochen hat (siehe auch § 2 Abs. 2 TV EntgO Bund). Gründliche und vielseitige Fachkenntnisse erfordern gegenüber den gründlichen Fachkenntnissen demnach nach wie vor eine Erweiterung der Kenntnisse dem Umfang nach. Diese Umfangssteigerung kann sich grundsätzlich auf zwei Wegen ergeben:

4

1. aufgrund der Menge der anzuwendenden Vorschriften und Bestimmungen oder
2. aufgrund der Verschiedenartigkeit der sich aus einem Fachgebiet stellenden Anforderungen

(vgl. BAG 16.10.2019, 4 AZR 284/18, AP Nr. 341 zu §§ 22, 23 BAT 1975; BAG 21.03.2012, 4 AZR 266/10, AP Nr. 317 zu §§ 22, 23 BAT 1975 m. w. N. auf die ständige Rechtsprechung des BAG)

Der erste Weg bedeutet, dass der Arbeitnehmer zahlreiche gesetzliche Einzelbestimmungen, Erlasse, Verfügungen, Dienstanweisungen etc. zur Aufgabenlösung kennen und anwenden können muss (vgl. z. B. BAG 15.11.1995, 4 AZR 557/94, AP Nr. 209 zu §§ 22, 23 BAT 1975 m. w. N.).

Wichtig: Dabei ist zu beachten, dass die Steigerung der Fachkenntnisse dem Umfang nach – in Abgrenzung zu gründlichen Fachkenntnissen, die ebenfalls bereits einen gewissen Umfang erfordern – kein reiner Zählvorgang ist, sondern eine Frage des inhaltlichen Umfangs der Fachkenntnisse insgesamt (vgl. BAG 28.09.1994, 4 AZR 542/93, AP Nr. 185 zu §§ 22, 23 BAT 1975).

Beim zweiten Weg kann die Vielseitigkeit auch dann gegeben sein, wenn das Arbeitsfeld des Mitarbeiters nur auf ein einzelnes, abgegrenztes Teilgebiet beschränkt ist. Dabei darf es sich jedoch nicht nur um ein eng abgegrenztes Teilgebiet mit etwa nur routinemäßiger Bearbeitung handeln (vgl. BAG 21.03.2012, 4 AZR 266/10, AP Nr. 317 zu §§ 22, 23 BAT 1975 und BAG 16.10.2019, 4 AZR 284/18, AP Nr. 341 zu §§ 22, 23 BAT 1975 m. w. N. auf die ständige Rechtsprechung des BAG). Routinemäßige Bearbeitung im Sinne des allgemeinen Sprachgebrauchs bedeutet, „in der selben Art regelmäßig wiederkehrend" (Duden, S. 1502).

Die Erweiterung der gründlichen Fachkenntnisse dem Umfang nach bedeutet also konkret: Die Fachkenntnisse müssen im Hinblick auf ihre Mannigfaltigkeit und Unterschiedlichkeit hin gesteigert sein (vgl. LAG Rheinland-Pfalz 21.06.2001, 4 Sa 1612/00, zit. nach Reidelbach/Wieland/Fattler, G 523, S. 5, 6).

Auch bloßes Erfahrungswissen, das heißt aufgrund beruflicher Erfahrung gewonnenes Wissen, kann gründliche und vielseitige Fachkenntnisse begründen (vgl. BAG 18.07.1990, 4 AZR 25/90, AP Nr. 151 zu §§ 22, 23 BAT 1975; BAG 16.04.1997, 4 AZR 350/96).

Auf die Art der Kenntnisse und darauf, woher der Arbeitnehmer sie bezogen hat, kommt es somit nicht an (vgl. BAG 21.03.2012, 4 AZR 266/10, AP Nr. 317 zu §§ 22, 23 BAT 1975).

Gründliche und vielseitige Fachkenntnisse liegen zum Beispiel vor:

Rechtsprechungsbeispiele:

1. Erstellung und Verwaltung elektronischer Kriminalakten (ohne inhaltliche Prüfung, da bereits nach Entgeltgruppe 6 vergütet wurde)

   (LAG Hessen 25.10.2017, 2 Sa 1571/16, zit. nach WKRS 2017, 53421; LAG Düsseldorf 29.04.2020, 7 Sa 397/19, zit. nach WKRS 2020, 67108)

2. Bei einem **Mitarbeiter im Bereich Materialwirtschaft** *(Fortführung des Beispiels aus Kapitel 4.6),* der für die Abwicklung des Verwertungsprozesses durch Weiterverkauf von gebrauchtem Inventar, Anlagen und Schrott zuständig ist, liegen auch vielseitige Fachkenntnisse vor. Diese ergeben

sich aus den für die Tätigkeit erforderlichen Kenntnissen auf dem Gebiet des Gesetzes zur Förderung der Kreislaufwirtschaft, aus den Kenntnissen der internen und für seinen Aufgabenbereich bestimmten Richtlinien, aus den Werkstoffkenntnissen und aus den Englischkenntnissen (Niveau B1 = 4 Schuljahre).

(vgl. LAG Köln 24.06.2021, 6 Sa 975/20, zit. nach WKRS 2021, 37070)

3. Die Tätigkeit als **Verwaltungsmitarbeiter in einem Museum** bestand aus folgenden drei Arbeitsvorgängen:

   1. Erledigen von buchhalterischen Aufgaben (zu 40%)
   2. Lohnbuchhaltung (zu 20%)
   3 Betreuung der Museumsmitarbeiter in Personalangelegenheiten (zu 40%)

   Die Tätigkeit erfordert gründliche und vielseitige Fachkenntnisse: Die gründlichen Fachkenntnisse ergeben sich bereits aus der Anzahl von zu beachtenden Vorschriften, mit denen sich der Stelleninhaber im Einzelnen auseinandersetzen muss. Oberflächliche Kenntnisse genügen nicht. Vielseitige Fachkenntnisse sind schon deshalb nötig, weil für die verschiedenen Arbeitsvorgänge als Verwaltungsmitarbeiter, die im Hinblick auf dieses Tätigkeitsmerkmal zusammen zu beurteilen sind (§ 12 Abs. 2 Satz 3 TVöD-V – zusammenfassende Betrachtung), sehr unterschiedliche Kenntnisse nötig sind.

   (vgl. LAG M-V 19.01.2022, 5 TaBV 4/21 m. w. N., ZTR 2022, S. 237 ff.)

4. Der Arbeitsvorgang der **Bearbeitung von Reisekosten-, Trennungsentschädigungs- und Umzugskostenanträgen** erfordert gründliche und vielseitige Fachkenntnisse. Dies ergibt sich aus den umfassenden Kenntnissen des Landesreisekostenrechts, der Trennungsentschädigungsverordnung, der Umzugskostengesetze des Bundes und des Landes nebst begleitenden Verwaltungsvorschriften. Diese müssen ständig angewendet und in ganzer Breite durchdrungen werden, um zu sachgerechten und rechtsbeständigen Arbeitsergebnissen zu gelangen. Ergänzend sind Kenntnisse des Tarif- und Beamtenrechts sowie des Steuerrechts not-

4

wendig, weshalb auch die Vielseitigkeit trotz des relativ eng gesteckten Aufgabengebiets angenommen werden kann.

(vgl. LAG Hamm 07.04.2016, 8 Sa 1593/15, ZTR 2017, S. 78 ff.)

8. Die selbständigen Leistungen ab Entgeltgruppe 7

§

Entgeltgruppe 7

Beschäftigte der Entgeltgruppe 6, deren Tätigkeit mindestens zu einem Fünftel selbständige Leistungen erfordert.

(Hierzu Protokollerklärung Nr. 4)

Entgeltgruppe 8

Beschäftigte der Entgeltgruppe 6, deren Tätigkeit mindestens zu einem Drittel selbständige Leistungen erfordert.

(Hierzu Protokollerklärung Nr. 4)

Entgeltgruppe 9a

Beschäftigte der Entgeltgruppe 6, deren Tätigkeit selbständige Leistungen erfordert.

(Hierzu Protokollerklärung Nr. 4)

Protokollerklärung Nr. 4

Selbständige Leistungen erfordern ein den vorausgesetzten Fachkenntnissen entsprechendes selbständiges Erarbeiten eines Ergebnisses unter Entwicklung einer eigenen geistigen Initiative; eine leichte geistige Arbeit kann diese Anforderung nicht erfüllen.

Der TVöD-Bund übernimmt die Regelung des BAT-B/L.

Wichtig: Die Entgeltgruppen 7 bis 9a TVöD-Bund unterscheiden sich lediglich hinsichtlich des zeitlichen Umfangs:

Selbständige Leistung und Zeitanteile		
Entgelt-gruppe	**Zeitanteil**	**in Prozent**
7	ein Fünftel	20
8	ein Drittel	33,33
9a	die Hälfte (ohne ausdrückliche Benennung; siehe § 12 Abs. 2 Satz 2 TVöD-Bund)	50

Begriffsklärung

Selbständige Leistungen erfordern – entsprechend den hier vorausgesetzten gründlichen und vielseitigen Fachkenntnissen – ein eigenständiges Erarbeiten eines Arbeitsergebnisses unter Entwicklung einer eigenen geistigen Initiative. Eine leichte geistige Arbeit kann diese Anforderung nicht erfüllen (Protokollerklärung Nr. 4). Somit sind „selbständige Leistungen" klar zu trennen vom „selbständigen Arbeiten". Dies liegt vor, wenn eine Tätigkeit ohne direkte Aufsicht oder Leitung (Lenkung durch Weisungen) erledigt wird. Im Gegensatz dazu ist eine selbständige Leistung dann anzunehmen, wenn eine Gedankenarbeit bezüglich

- des einzuschlagenden Weges (Arbeitsmethoden, -gestaltung) **und insbesondere**
- des zu findenden Arbeitsergebnisses

erbracht wird, die eine eigene Beurteilung und Entschließung (Entscheidung) erfordert (vgl. BAG 21.03.2012, 4 AZR 279/10, AP Nr. 319; BAG 16.10.2019, 4 AZR 284/18, AP Nr. 341, beide zu §§ 22, 23 BAT 1975 m. w. N.).

Selbständige Leistungen sind demnach zunächst dadurch gekennzeichnet, dass im Rahmen der Aufgabenlösung eine eigene Gedankenarbeit zu erbringen ist. Es sind Abwägungsprozesse erforderlich, die entsprechende Anforderungen an das Überlegungsvermögen stellen: Es müssen unterschiedliche Informationen (Fachwissen auf der einen, der damit zu lösende Fall auf der anderen Seite) verknüpft werden. Mittels eines Abwägens kommt der Beschäftigte dann zu einer Entscheidung, wie der jeweilige Fall gelöst werden könnte (vgl. BAG 16.10.2019, 4 AZR 284/18, AP Nr. 341; BAG 22.04.2009, 4 AZR 166/08, AP Nr. 311; BAG 21.03.2012, 4 AZR 279/10, AP Nr. 319 alle zu §§ 22, 23 BAT 1975).

Der Beschäftigte muss sich somit im Rahmen der inhaltlichen Aufgabenerfüllung fragen:

- Wie geht es nun weiter?
- Worauf kommt es nun an?
- Was muss als Nächstes geschehen?

(vgl. LAG Köln 24.06.2021, 6 Sa 975/20, zit. nach WKRS 2021, 37070)

Praxis-Tipp:

Der Arbeitnehmer muss ohne Detailvorgaben, das heißt ohne Lenkung der Aufgaben durch (Einzel-)Anweisungen des Vorgesetzten, arbeiten.

Kennzeichen selbständiger Leistungen im tariflichen Sinne ist damit – **ohne Bindung an verwaltungsrechtliche Fachbegriffe** – ein wie auch immer gearteter

- Ermessensspielraum
- Entscheidungsspielraum
- Gestaltungsspielraum oder
- Beurteilungsspielraum

bei der Erarbeitung eines Arbeitsergebnisses (vgl. BAG 21.03.2012, 4 AZR 279/10, AP Nr. 319; BAG 22.02.2017, 4 AZR 514/16, AP Nr. 336, beide zu §§ 22, 23 BAT 1975).

Erforderlich ist ein Spielraum, für den nicht die verwaltungsrechtlichen Definitionen gelten. Vielmehr kommt es auf einen Ermessensspielraum, Entscheidungsspielraum, Gestaltungsspielraum oder Beurteilungsspielraum im Sinne des allgemeinen Sprachgebrauchs an:

Danach ist ein Spielraum gekennzeichnet durch einen gewissen freien Raum, der den ungehinderten Ablauf, das ungehinderte Funktionieren von etwas ermöglicht/gestattet (vgl. Duden, S. 1690).

Dementsprechend liegt ein Ermessensspielraum vor, wenn ein Spielraum für Entscheidungen nach eigenem Ermessen besteht. Der Begriff des Ermessens umfasst dabei eine Einschätzung und Beurteilung sowie eine Entscheidung, die auf einem eigenen Urteil basiert (vgl. Duden, S. 544). Als Urteil ist in diesem Zusammenhang eine prüfende, kritische Beurteilung bzw. eine abwägende Stellungnahme zu verstehen (vgl. Duden, S. 1911).

Das Entscheiden (im Sinne des Entscheidungsspielraums) umfasst zwei alternative Aspekte:

- In Zweifelsfällen zählen zum Entscheiden das Klären des Sachverhalts und ein Urteil darüber zu fällen sowie anordnend zu bestimmen.
- In allen anderen Fällen liegt eine Entscheidung im Sinne des allgemeinen Sprachgebrauchs vor, wenn in Bezug auf etwas der

Ausschlag zu geben ist bzw. nach Prüfung und Vergleich bzw. kurzem Besinnen aus einer von mehreren Möglichkeiten eine Wahl zu treffen ist (vgl. Duden, S. 537).

Das Gestalten (im Sinne des Gestaltungsspielraums) bedeutet, einer Sache eine bestimmte Form oder ein bestimmtes Aussehen zu geben (vgl. Duden, S. 734).

Eine Beurteilung liegt vor, wenn über jemanden oder über etwas ein Urteil abzugeben ist (vgl. Duden, S. 315).

Über diese Handlungsspielräume hinaus ist es nicht erforderlich, dass dem Arbeitnehmer die Unterschriftsbefugnis für seine Arbeitsleistungen obliegt (vgl. LAG Rheinland-Pfalz 21.06.2001, 4 Sa 1612/00, zit. nach WKRS 2001, 26384).

Steht der Arbeitsweg bzw. das Arbeitsergebnis aber von vornherein fest, liegen keine selbständigen Leistungen vor. Das ist etwa der Fall, wenn das zu erarbeitende Arbeitsergebnis durch die Formenstrenge des Arbeits-/Rechtsgebiets genau vorgezeichnet ist (vgl. LAG Sachsen 27.11.2002, 2 Sa 572/01, zit. nach WKRS 2002, 10882; LAG Rheinland-Pfalz 02.03.2016, 7 Sa 343/15, zit. nach WKRS 2016, 16201) bzw. zahlreiche, stark differenzierte Formulare zur Aufgabenlösung zu benutzen sind (BAG 25.11.1981, 4 AZR 305/79, AP Nr. 51 zu §§ 22, 23 BAT 1975).

Was die Formulare von gestern sind, ist heute in entsprechender/n Software/Datenbanken mit Mustertexten hinterlegt und führt ebenfalls dazu, dass keine selbständigen Leistungen vorliegen (vgl. LAG M-V 20.03.2018, 5 Sa 53/17, zit. nach www.landesrecht-mv.de/, hier für die Bußgeldsachbearbeitung).

Checkliste: Prüfkriterien für selbständige Leistungen

1. Bestehen Vorgaben zum einzuschlagenden Arbeitsweg (Arbeitsmethoden, -gestaltung)?
2. Steht das Arbeitsergebnis von vornherein fest oder ist es selbst und frei von inhaltlichen Detailvorgaben zu ermitteln?
3. Welche Abwägungs- und Handlungsmöglichkeiten bestehen bei der Ermittlung des Arbeitsergebnisses konkret?

Praxis-Tipp:

Dem Arbeitnehmer müssen somit – aufbauend auf den fehlenden Detailvorgaben – zumindest Entscheidungsrechte über die Art und Weise der Aufgabenerledigung aus inhaltlich-methodischer Sicht obliegen.

Wie diese Grundaussagen in der Praxis geprüft werden können, verdeutlichen folgende Beispiele zu selbständigen Leistungen auf Basis gründlicher und vielseitiger Fachkenntnisse aus der Rechtsprechung:

Rechtsprechungsbeispiele:

1. **Erstellung und Verwaltung elektronischer Kriminalakten** (*Fortführung des 1. Beispiels aus Kapitel 4.7*)

   Anerkennung der selbständigen Leistungen durch das LAG Hessen (25.10.2017, 2 Sa 1571/16 m. w. N., zit. nach WKRS 2017, 53421):

   Es liegen selbstständige Leistungen im Tarifsinne vor, denn der Mitarbeiter nimmt entgegen der Ansicht des Arbeitgebers nicht nur Vollständigkeits- und Plausibilitätsprüfungen vor. Der Mitarbeiter muss nur Positiv-Fälle dem Vorgesetzten zur Genehmigung vorlegen, nicht hingegen Negativ-Fälle (für die sog. „KAN-Relevanz" bzw. Verlängerungen der Prüffristen). Hier obliegt es dem Mitarbeiter selbst unterschiedliche Informationen zu verknüpfen, untereinander abzuwägen und zu einer Entscheidung zu kommen. Dabei besteht für den Mitarbeiter in Anwendung der Normen und Richtlinien ein vielfältiger Beurteilungsspielraum, den er unter Abwägung der ihm zur Verfügung gestellten bzw. der von ihm selbst zu erarbeitenden und zu verarbeitenden Informationen ausfüllen muss.

   Ablehnung der selbständigen Leistungen durch das LAG Düsseldorf (29.04.2020, 7 Sa 397/19 m. w. N., zit. nach WKRS 2020, 67108):

   In Übereinstimmung mit der Entscheidung des BAG vom 15.11.1995 (4 AZR 557/94) zur papiergeführten Kriminalakte ging das LAG davon aus, dass bei den mit der elektronischen Kriminalaktenverwaltung zusammenhängenden Tätigkeiten keine Abwägungsprozesse durchgeführt werden müssen, die eine eigene Beurteilung und eine eigene Entscheidung erfordern, die über eine leichte geistige Tätigkeit hinausgehen. Die vom Mitarbeiter vorzunehmende Qualitätssicherung im Rahmen der Erfassung erfüllt das Tätigkeitsmerkmal der selbständigen Leistung nicht, denn dabei handelt es sich – entgegen der Auffassung des LAG Schleswig-Holstein (24.11.2020, 3 Sa 297/10) und des LAG Hessen (siehe oben) – nicht um eine erhebliche geistige Tätigkeit, sondern um eine reine Vollständigkeits- und Plausibilitätsprüfung, die keine wesentlichen Abwägungsprozesse beinhaltet, mithin um eine lediglich leichte geistige Arbeit.

Die Untergrenze einer leichten geistigen Arbeit liegt bei einer Subsumtionstätigkeit vor, deren geistige Umsetzungsanforderung sich entweder in Anbetracht der sich wiederholenden und ähnlichen Fälle einer gewissen Schematik nähert oder durch Weisungen im Einzelnen für eigene Wertungen keinen Raum mehr lässt. Danach liegt keine selbständige Leistung vor, wenn der „richtige Weg" bis in alle Einzelheiten durch bindende Vorschriften vorgeschrieben ist. Dies ist vorliegend hinsichtlich der Qualitätssicherung der Merkblätter durch die Klägerin der Fall.

2. Bei einem **Mitarbeiter im Bereich Materialwirtschaft** *(Fortführung des 2. Beispiels aus Kapitel 4.7),* der für die Abwicklung des Verwertungsprozesses durch Weiterverkauf von gebrauchtem Inventar, Anlagen und Schrott zuständig ist, liegen auch selbständige Leistungen vor. Der Mitarbeiter muss z. B. in jedem Einzelfall unter Heranziehung der genannten Gesetze, internen Regelungen und seiner Fachkenntnisse abwägen, ob eine Gerätschaft verkauft, verschenkt oder verwertet werden soll, er muss Werte bestimmen, er muss bestimmen, ob ein Vorortverkauf stattfinden soll, etc. Für seine Entscheidung ist eine Gedankenarbeit erforderlich, für die er die vorausgesetzten Fachkenntnisse hinsichtlich des einzuschlagenden Weges benötigt.

   (vgl. LAG Köln 24.06.2021, 6 Sa 975/20, zit. nach WKRS 2021, 37070)

3. Die Tätigkeit als **Verwaltungsmitarbeiter in einem Museum** *(Fortführung des 3. Beispiels aus Kapitel 4.7)* erfordert beim Arbeitsvorgang Betreuung der Museumsmitarbeiter in Personalangelegenheiten (zu 40%) selbständige Leistungen: Derartige Beurteilungs- und Entscheidungsspielräume bestehen bei der Prüfung von Fragestellungen zum Reisekostenrecht. Hier sind Aspekte der Wirtschaftlichkeit, Sparsamkeit und Fürsorge zu beachten und teilweise gegeneinander abzuwägen. Davon geht auch die Arbeitgeberin aus. Die Beratung und Betreuung der Beschäftigten in personalwirtschaftlichen Angelegenheiten eröffnet ebenfalls Bewertungsspielräume. Die Mitarbeiterin hat sich damit auseinanderzusetzen, welche Interessen und auch Wünsche der Beschäftigten in welcher Art und Weise berücksichtigt bzw. erfüllt werden können oder müssen. Es gibt unterschiedliche Möglichkeiten, an die Beschäftigten heranzutreten oder auf ihre Belange einzugehen. Beispielsweise können Arbeitszeiten im Rahmen des rechtlich Zulässigen und unter Wahrung der Interessen des Arbeitgebers unterschiedlich gestaltet werden. Zur Beratung und Betreuung gehört mehr als die bloße Information von Mitarbeitern über betriebliche, tarifliche oder gesetzliche Regelungen. Zur Beratung gehört es, die Interessen der Beschäftigten zu erfassen und diese in Einklang mit den arbeitgeberseitigen Belangen zu bringen. Das erfordert es, unterschiedliche Gesichtspunkte zu gewichten und interessengerechte Lösungen zu erarbeiten.

(vgl. LAG M-V 19.01.2022, 5 TaBV 4/21 m. w. N., ZTR 2022, S. 237 ff.)

Ergänzender Hinweis der Verfasser: Laut BAG vom 22.02.2017 (4 AZR 514/16, ZTR 2017, S. 352 ff.) können selbständige Leistungen nur im Rahmen von Arbeitsvorgängen anfallen, die für sich genommen gründliche und vielseitige Fachkenntnisse erfordern. Das selbständige Erarbeiten eines Ergebnisses baut auf den dazu erforderlichen gründlichen und vielseitigen Fachkenntnissen auf, d.h. es muss diesen vorausgesetzten Fachkenntnissen entsprechen. Im hier vorliegenden Fall ging das LAG aber offensichtlich von einer zusammenfassenden Betrachtung zur Feststellung gründlicher und vielseitiger Fachkenntnisse aus.

4. Der Arbeitsvorgang der **Bearbeitung von Reisekosten-, Trennungsentschädigungs- und Umzugskostenanträgen** *(Fortführung des 4. Beispiels aus Kapitel 4.7)* erfordert selbständige Leistungen im Sinne der Entgeltgruppe 9a TV-L (aufbauend auf gründlichen und vielseitigen Fachkenntnissen), da das Reisekosten- und Trennungsentschädigungsrecht (hier des Landes Nordrhein-Westfalen) von unbestimmten Rechtsbegriffen geprägt ist, die dem Sachbearbeiter umfassende Beurteilungsspielräume eröffnen.

(vgl. LAG Hamm 07.04.2016, 8 Sa 1593/15, ZTR 2017, S. 78 ff.)

Teil I: Die Entgeltgruppen 9b bis 15 im Überblick

1. Übersicht

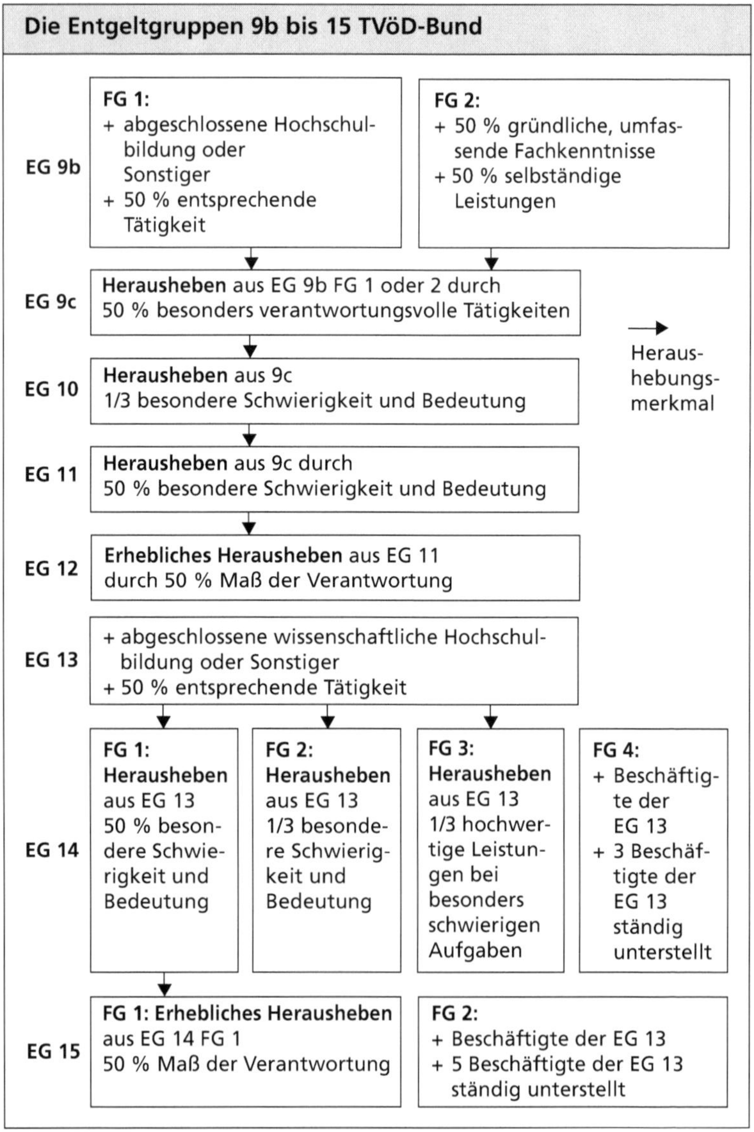

Quelle: IPW – Institut für PersonalWirtschaft GmbH

2. Die Entgeltgruppe 9b TVöD-Bund

Entgeltgruppe 9b

1. **Beschäftigte im Büro-, Buchhalterei-, sonstigen Innendienst und im Außendienst mit abgeschlossener Hochschulbildung und entsprechender Tätigkeit sowie sonstige Beschäftigte, die aufgrund gleichwertiger Fähigkeiten und ihrer Erfahrung entsprechende Tätigkeiten ausüben.**

   (Hierzu Protokollerklärung Nr. 2)

2. **Beschäftigte im Büro-, Buchhalterei-, sonstigen Innendienst und im Außendienst, deren Tätigkeit gründliche, umfassende Fachkenntnisse und selbständige Leistungen erfordert.**

   (Hierzu Protokollerklärungen Nrn. 2,3 und 4)

Protokollerklärung Nr. 3

Gründliche, umfassende Fachkenntnisse bedeuten gegenüber den in den Entgeltgruppen 6, 7, 8 und 9a geforderten gründlichen und vielseitigen Fachkenntnissen eine Steigerung der Tiefe und der Breite nach.

Entgeltgruppe 9b TVöD-Bund

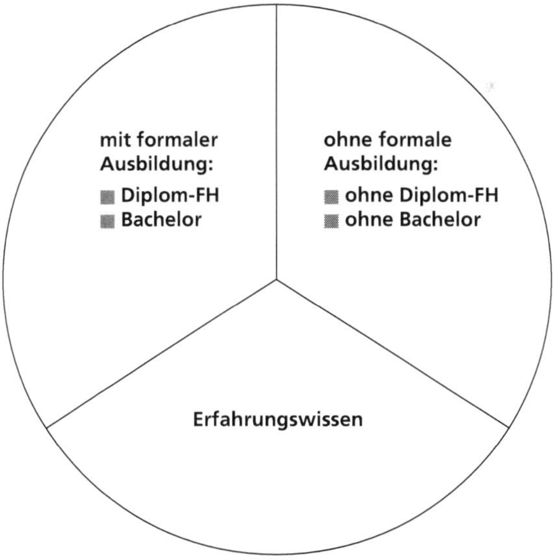

Quelle: IPW – Institut für PersonalWirtschaft GmbH

In der Entgeltgruppe 9b TVöD-Bund wird altes Tarifrecht mit neuen Merkmalen verbunden: Einerseits werden mit der Fallgruppe 2 der Entgeltgruppe 9b die Tätigkeitsmerkmale der Vergütungsgruppe IVb Fallgruppe 1a BAT-B/L gemeinsam mit den Tätigkeitsmerkmalen der Vergütungsgruppe Vb Fallgruppe 1a BAT-B/L übernommen.

Zum anderen wurden die neuen Hochschulabschlüsse berücksichtigt:

- Fallgruppe 1: mit abgeschlossener Hochschulbildung und entsprechender Tätigkeit.

Praxis-Tipp:

Für die Fallgruppe 2 ist es unerheblich, auf welchem Weg die Fachkenntnisse erlangt worden sind. Die Fallgruppe 1 knüpft an § 8 TV EntgO Bund an, der die Hochschulbildung definiert. Darunter versteht der Tarifvertrag entweder ein Hochschulstudium, das mit dem Diplomgrad und dem Zusatz „Fachhochschule" („FH") oder dem Bachelorgrad abschließt, wenn die weitergehenden Voraussetzungen erfüllt sind.

3. Die unterschiedlichen Qualifikationsebenen

Innerhalb der Tätigkeitsmerkmale greift der TVöD-Bund das neue Hochschulrecht nicht auf, der Text der Entgeltgruppe 13 knüpft vielmehr an den alten Begrifflichkeiten des BAT-B/L an:

Entgeltgruppe 13

Beschäftigte mit abgeschlossener wissenschaftlicher Hochschulbildung und entsprechender Tätigkeit sowie sonstige Beschäftigte, die aufgrund gleichwertiger Fähigkeiten und ihrer Erfahrungen entsprechende Tätigkeiten ausüben.

Wichtig: Das neue Hochschulrecht wird aber in § 7 TV EntgO Bund berücksichtigt. Vor diesem Hintergrund unterscheidet der Teil I der Anlage 1 zum TV EntgO Bund zwischen den Entgeltgruppen 9b bis 12 einerseits und den Entgeltgruppen 13 bis 15 andererseits.

Ein Dipl.-FH- bzw. Bachelorabschluss ist nur in der Entgeltgruppe 9b Fallgruppe 1 ff. TVöD-Bund formale Voraussetzung für die Eingruppierung. Daneben korrespondieren gründliche, umfassende Fachkenntnisse der Entgeltgruppe 9b Fallgruppe 2 TVöD-Bund weiterhin mit diesen Abschlüssen (siehe auch nähere Ausführungen in Kapitel 6.1).

§ 7 TV EntgO Bund regelt:

§ 7 TV EntgO Bund

[1]Eine abgeschlossene wissenschaftliche Hochschulbildung liegt vor, wenn das Studium an einer staatlichen Hochschule im Sinne des § 1 Hochschulrahmengesetz (HRG) oder einer nach § 70 HRG staatlich anerkannten Hochschule

a) mit einer nicht an einer Fachhochschule abgelegten **ersten Staatsprüfung**, Magisterprüfung oder **Diplomprüfung** oder

b) mit einer **Masterprüfung**

beendet worden ist.

[2]Diesen Prüfungen steht eine Promotion oder die Akademische Abschlussprüfung (Magisterprüfung) einer Philosophischen Fakultät nur in den Fällen gleich, in denen die Ablegung einer ersten Staatsprüfung, einer Masterprüfung oder einer Diplomprüfung nach den einschlägigen Ausbildungsvorschriften nicht vorgesehen ist. [3]Eine abgeschlossene wissenschaftliche Hochschulbildung im Sinne des Satzes 1 Buchst. a setzt voraus, dass die Abschlussprüfung in einem Studiengang abgelegt wurde, der seinerseits mindestens das Zeugnis der Hochschulreife (allgemeine Hochschulreife oder einschlägige fachgebundene Hochschulreife) oder eine andere landesrechtliche Hochschulzugangsberechtigung als Zugangsvoraussetzung erfordert, und für den Abschluss eine Regelstudienzeit von mindestens acht Semestern – ohne etwaige Praxissemester, Prüfungssemester o. Ä. – vorschreibt. [4]**Ein Bachelorstudiengang erfüllt diese Voraussetzung auch dann nicht, wenn mehr als sechs Semester für den Abschluss vorgeschrieben sind.** [5]Der Masterstudiengang muss nach den Regelungen des Akkreditierungsrats akkreditiert sein. [6]Ein Abschluss an einer ausländischen Hochschule gilt als abgeschlossene wissenschaftliche Hochschulbildung, wenn er von der zuständigen staatlichen Stelle als dem deutschen Hochschulabschluss vergleichbar bewertet wurde.

Protokollerklärung zu Satz 5:

Das Akkreditierungserfordernis ist bis zum 31. Dezember 2024 ausgesetzt.

(Hervorhebungen durch die Verfasser)

5

Beispiel aus der Rechtsprechung:

Praxissemester im Sinne des Absatz 3 sind nur solche Semester, in denen ausschließlich praktische Arbeiten erbracht werden. Diese Auslegung ergibt sich bereits aus dem Wortlaut des § 7 Satz 3 TV EntgO Bund (inhaltsgleich zur Regelung des Satzes 3). Maßgebend sind danach ausschließlich entsprechende „Semester", nicht aber andere Zeiten. Nur Erstere werden in der Tarifregelung erwähnt. Die Tarifvertragsparteien haben damit die Regelstudienzeit anders als in § 10 Abs. 2 HRG definiert. In der gesetzlichen Bestimmung werden auch Zeiten berufspraktischer Tätigkeit und Prüfungszeiten erwähnt. Aus dem Zusatz „o. Ä." folgt kein anderes Ergebnis. Dieser bezieht sich nicht auf den festgelegten Zeitraum „Semester", sondern auf die Inhalte der Semester „Praxis" und „Prüfung".

(vgl. BAG 02.06.2021, 4 AZN 156/21, AP Nr. 11 zu § 12 TVöD)

Die Regelung entspricht dem TVöD-VKA und gleicht im Wesentlichen den Regelungen im TV-L. Damit wird zum einen an die in Deutschland bislang bestehende Differenzierung zwischen Fachhochschulstudiengängen mit einer Regelstudienzeit von höchstens vier Jahren (vgl. § 11 Satz 1 Nr. 1 HRG) und anderen Studiengängen mit einer Regelstudienzeit von viereinhalb Jahren (vgl. § 11 Satz 1 Nr. 2 HRG) angeknüpft. Zum anderen werden die neuen Hochschulabschlüsse (Bachelor und Master) in das Eingruppierungsrecht integriert.

Das bisherige Hochschulrecht

Nach traditionellem Verständnis handelt es sich bei Fachhochschulstudiengängen um Studiengänge, die dem besonderen Auftrag der Fachhochschulen zu einer berufsbezogenen Ausbildung entsprechen. Danach vermitteln Fachhochschulen durch eine anwendungsbezogene Lehre eine Bildung, die zu selbständiger Anwendung wissenschaftlicher Methoden in der Berufspraxis befähigt (vgl. Reich, § 1 Rn. 1 und 5 m. w. N.). Vor diesem Hintergrund sahen die alten Tarifverträge des öffentlichen Dienstes eine grundsätzliche Unterscheidung vor: Die Fachhochschulausbildung befähigte für auszuübende Tätigkeiten im „gehobenen Dienst" (Vergütungsgruppe Vb-III BAT-B/L), während die Ausbildung an einer wissenschaftlichen Hochschule (Universität, Technische Universität) für den „höheren Dienst" (Vergütungsgruppe IIa-I BAT-B/L) qualifizierte.

Die neuen Hochschulabschlüsse

Die Studienreform

Diese Unterscheidung wurde durch die Einführung von Bachelor und Masterstudiengängen (§ 19 HRG) infrage gestellt (vgl. Jahn, S. 132). Zur Vereinheitlichung der Hochschulausbildung in Europa werden die alten Diplom- und Magisterabschlüsse sowie die Staatsexamina von diesen neuen berufsqualifizierenden Abschlüssen abgelöst („Sorbonne-Erklärung" und „Bologna-Erklärung"; siehe Jahn, S. 128; Schwarz-Hahn/Rehburg). Diese Entwicklung wird begleitet durch eine „Verwissenschaftlichung" der Fachhochschulausbildung. Universitäten wie Fachhochschulen können ihre Bachelor- und Masterstudiengänge sowohl praxis- als auch wissenschaftsbezogen ausrichten (vgl. Waldeyer, ZBR 2003, S. 17, 23 m. w. N.). Einheitliches Ausbildungsziel der Hochschulen ist gemäß § 7 HRG, die Studierenden durch Lehre und Studium auf ein berufliches Tätigkeitsfeld vorzubereiten und ihnen die dafür erforderlichen fachlichen Kenntnisse, Fähigkeiten und Methoden des jeweiligen Studiengangs zu vermitteln. An Fachhochschulen wird anwendungsbezogene Forschung und Entwicklung betrieben. Die Forschung dient dabei nach § 22 HRG auch der Lehre, so dass beim Fachhochschulstudium ebenfalls von Wissenschaftlichkeit gesprochen werden kann. Dementsprechend hat die Konferenz der Kultusminister der Länder beschlossen, dass Masterabschlüsse von Universitäten und Fachhochschulen grundsätzlich zur Promotion berechtigen (vgl. Waldeyer, ZBR 2003, S. 17 f., 20 m. w. N.). Im Ergebnis unterscheiden sich die Hochschulformen Universität und Fachhochschule nicht mehr durch „institutionelle Standardzuweisungen", sondern durch das Profil des Studienangebots (vgl. Waldeyer, ZBR 2003, S. 17, 24; Jahn, S. 132).

Praxis-Tipp:
Nähere Informationen über die Studiengänge und -abschlüsse deutscher Hochschulen finden Sie auf den Seiten der Deutschen Hochschulrektorenkonferenz unter: www.hochschulkompass.de bzw. unter: www.studienwahl.de

Bachelorgrad

Beim Bachelorgrad handelt es sich um einen ersten berufsqualifizierenden Abschluss, der nach einer Regelstudienzeit von mindestens drei und höchstens vier Jahren verliehen wird. Im Unterschied zum alten Hochschulrecht verleihen sowohl Fachhochschulen als auch (Technische) Universitäten diesen Grad. Der bisherige Zusatz „(FH)" entfällt. Stattdessen werden folgende Bachelorgrade verliehen: Bachelor „... of Arts" (B.A.; Geisteswissenschaften), „... of Science" (B.Sc.; Naturwissenschaften), „... of Engineering" (B.Eng.; Ingenieurwissenschaften), „... of Laws" (LL.B.; Rechtswissenschaft).

Mastergrad

Entsprechendes gilt für den Mastergrad. Dieser baut auf den Bachelorgrad auf und muss so dem Aufbau- bzw. Weiterbildungsbereich zugerechnet werden (vgl. Reich, § 19 Rn. 4). Dabei handelt es sich um einen „weiteren" berufsqualifizierenden Abschluss. Möglich ist aber auch der Aufbau auf ein Fachhochschul-Diplom oder ein Staatsexamen (vgl. Reich, § 19 Rn. 4). In der Praxis werden für den Master folgende Abschlussbezeichnungen verwendet: Master „... of Arts" (M.A.; Geisteswissenschaften), „... of Science" (M.Sc.; Naturwissenschaften), „... of Engineering" (M.Eng.; Ingenieurwissenschaften),

„... of Laws" (LL.M.; Rechtswissenschaft).

Praxis-Tipp:
Im Bereich der Wirtschaftswissenschaften wird zudem von verschiedenen Hochschulen der MBA-Grad (Master of Business Administration) verliehen. Bei Akkreditierung gelten auch für diesen die o. g. Ausführungen entsprechend.

Studienabschlüsse und Eingruppierung

Mit den Regelungen in §§ 7, 8 EntgO Bund wird deutlich, dass sich die Tarifvertragsparteien mit ihrer Bewertung der neuen Abschlüsse den bildungsstaatlichen Stellen angeschlossen haben:

Die neuen Hochschul-Abschlüsse (BA/MA)	
bei vorhandener Akkreditierung ...	
Bachelorabschluss (BA)	Zugang zum gehobenen Dienst bis Vergütungsgruppe III BAT(-O) des Allgemeinen Teils (entspricht Entgeltgruppe 9b bis 12 Teil I TVöD-Bund)
Masterabschluss (MA)	Zugang zum höheren Dienst Eingruppierung von Vergütungsgruppe IIa bis Vergütungsgruppe I BAT(-O) (entspricht Entgeltgruppe 13 bis 15 Teil I TVöD-Bund)

(vgl. Beschluss der KMK vom 14.04.2000; vgl. Beschluss der KMK vom 20.09.2007 und der IMK vom 07.12.2007)

4. Anerkennung ausländischer Studienabschlüsse

Gemäß den Sätzen 5 bzw. 6 der Vorbemerkungen 4 und 3 (siehe Abdruck unter Kapitel 7.2) gilt ein ausländischer Hochschulabschluss als anerkannt, wenn dieser von der zuständigen staatlichen Anerkennungsstelle als dem deutschen Hochschulabschluss vergleichbar bewertet wurde.

5

Je nach erforderlicher Hochschulqualifikation sind für diese Anerkennung unterschiedliche Stellen (z. B. die Berufskammern für reglementierte Berufe wie z. B. Ingenieure) zuständig. Die zuständigen Stellen können unter www.anerkennung-indeutschland.de ermittelt werden (zur Anerkennung reglementierter Berufe, hier des Lehrers, siehe auch BAG 05.09.2019, 6 AZR 454/18, AP Nr. 5 zu § 12 TV-L).

Die für die Anerkennung notwendige fachliche Bewertung der Hochschulabschlüsse führt die ZAB (Zentralstelle für ausländisches Bildungswesen) durch (https://www.kmk.org/zab/zentralstelle-fuer-auslaendisches-bildungswesen/ueber-die-zab.html). Bereits geprüfte Abschlüsse werden in der Datenbank anabin (https://anabin.kmk.org/anabin.html) von der ZAB bereitgestellt.

5. Der sonstige Beschäftigte

Liegt die geforderte (wissenschaftliche) Hochschulbildung nicht vor, kann aber auch dann in die Fallgruppen 1 der Entgeltgruppen 9b bzw. 13 ff. eingruppiert werden, wenn diese Alternative erfüllt ist:

> Beschäftigte, die aufgrund gleichwertiger Fähigkeiten und ihrer Erfahrungen entsprechende Tätigkeiten ausüben.

Der Begriff gleichwertig bezieht sich auf eine abgeschlossene (wissenschaftliche) Hochschulbildung. Beschäftigte verfügen über Fähigkeiten, die einer abgeschlossenen (wissenschaftlichen) Hochschulbildung gleichwertig sind, wenn sie ein vergleichbar umfangreiches Wissensgebiet in ähnlich gründlicher Weise beherrschen. Fähigkeiten und Erfahrungen auf einem eng begrenzten Teilgebiet eines Studiengangs genügen nicht.

(vgl. zur Hochschulbildung: LAG M-V 11.01.2022, 5 Sa 111/21 m. w. N., zit. nach WKRS 2022, 10915; zur wissenschaftlichen Hochschulbildung: LAG M-V 07.12.2021, 5 Sa 123/21, zit. nach WKRS 2021, 55811 und BAG 15.03.2006, 4 AZR 157/05, ZTR 2006, S. 590–592)

Die Qualifizierungsmaßnahmen müssen somit im Vergleich zur Regelausbildung quantitativ und qualitativ annähernd gleichwertige Kenntnisse und Fähigkeiten vermitteln und sich nicht auf ein Teil-/Spezialgebiet beschränken; denn Kenntnisse und Erfahrungen auf einem engbegrenzten Teilgebiet/Spezialgebiet der konkret erforderlichen (Fach-)Hochschulausbildung/Fachrichtung reichen nicht aus (vgl. LAG M-V 26.07.2016, 5 Sa 226/15, zit. nach WKRS 2016, 25458; vgl. auch LAG Thüringen 28.02.2023, 5 Sa 24/22, zit. nach WKRS 2023, 20168 m. w. N.).

Wichtig: Unterscheiden sich die im Studium vermittelten Kenntnisse und Fähigkeiten nicht zwischen FH bzw. (Technischen) Universitäten, eröffnet dies auch dem Dipl.-FH-Absolventen die Eingruppierung ab Entgeltgruppe 13 unter dem Aspekt des „sonstigen Beschäftigten“ (BAG 18.04.2012, 4 AZR 292/10, AP Nr. 323 zu §§ 22, 23 BAT 1975).

Über die gleichwertigen Fähigkeiten hinaus muss der Beschäftigte über entsprechende Erfahrungen verfügen, die er durch Ausüben von Tätigkeiten im Arbeitsbereich seines Arbeitgebers oder in entsprechenden Tätigkeiten bei anderen Arbeitgebern erworben hat (vgl. LAG BW 29.06.2020, 9 Sa 21/20, zit. nach WKRS 2020, 41132

m. w. N.). Dabei muss sich das geforderte Niveau konkret aus den vorgelegten Arbeitszeugnissen ergeben und die Erfahrung nur nach einer langen Zeit der Ausübung einschlägiger Tätigkeiten erworben werden (vgl. LAG Rheinland-Pfalz 16.10.1997, 5 Sa 695/97, zit. nach WKRS 1997, 20048). Die Rechnungshöfe konkretisieren dies im Verhältnis zur Ausbildungsdauer regelmäßig mit der doppelten Zeit der Tätigkeitsausübung, während die Rechtsprechung mindestens die gleiche Zeit als ausreichend erachtet (vgl. BAG 19.08.2004, 8 AZR 375/03; zit. nach WKRS 2004, 22241). Auch wenn es rechtlich möglich ist, aus der auszuübenden Tätigkeit Rückschlüsse auf die Fähigkeiten und Erfahrungen eines sonstigen Beschäftigten zu ziehen (vgl. BAG 25.01.2017, 4 AZR 379/15, AP Nr. 3 zu § 12 TV-L m. w. N.), kann daraus weder der Rechtssatz noch der allgemeine Erfahrungssatz hergeleitet werden, dass immer dann, wenn ein sonstiger Beschäftigter eine Tätigkeit ausübt, die üblicherweise von einem entsprechenden Hochschulabsolventen ausgeübt wird, dieser auch über gleichwertige Fähigkeiten und Erfahrungen verfügt. Vielmehr zeigt die Lebenserfahrung, dass sonstige Beschäftigte, selbst wenn sie im Einzelfall eine entsprechende Tätigkeit ausüben, gleichwohl – anders als ein ausgebildeter Beschäftigter mit abgeschlossener Hochschulbildung – häufig an anderen Stellen deswegen nicht eingesetzt werden können, weil ihnen für andere Tätigkeiten die Kenntnisse und Erfahrungen fehlen (vgl. BAG 18.12.1996, 4 AZR 449/95; LAG Hamm 06.03.1996, 18 Sa 934/95; LAG Rheinland-Pfalz 05.06.2008, 2 Sa 86/08, zit. nach WKRS 2008, 22052).

Alternativ dazu deckt der sonstige Beschäftigte aber auch folgenden Fall ab: Die auszuübende Tätigkeit verlangt kein Wissen und Können aus einer konkreten akademischen Fachdisziplin, gleichwohl aber ein Urteilsvermögen, einen Bildungsstand und ein Allgemeinwissen eines – gleich in welchem Fachgebiet – ausgebildeten Akademikers, das heißt eine nicht fachspezifische, sondern allgemeine akademische Qualifikation (vgl. BAG 15.03.2006, 4 AZR 157/05, ZTR 2006, S. 590–592, m. w. N.).

Wichtig: Werden die Anforderungen nicht erfüllt, ist der Mitarbeiter eine Entgeltgruppe niedriger einzugruppieren (§ 12 Abs. 2 TV EntgO Bund).

6. Die Heraushebungsmerkmale

Ab Entgeltgruppe 9c arbeitet der TVöD-Bund – wie schon im BAT-B/L – mit folgenden Heraushebungsmerkmalen (zum Begriff und zum Umgang mit Heraushebungsmerkmalen siehe Kapitel 3.10):

- besonders verantwortungsvolle Tätigkeit (Entgeltgruppe 9c)
- besondere Schwierigkeit und Bedeutung (Entgeltgruppe 10/11, Entgeltgruppe 14 Fallgruppe 1 und 2)
- erhebliches Maß an Verantwortung (Entgeltgruppe 12, Entgeltgruppe 15 Fallgruppe 1)

Diese Merkmale entsprechen in ihrem Wortlaut und in ihrer Systematik den Tätigkeitsmerkmalen des BAT-B/L, so dass auf die entsprechende Rechtsprechung zurückgegriffen werden kann. Dabei gilt es zu beachten, dass die Heraushebungsmerkmale

- besondere Schwierigkeit und Bedeutung (Entgeltgruppe 10/11, Entgeltgruppe 14 Fallgruppe 1 und 2) sowie
- erhebliches Maß an Verantwortung (Entgeltgruppe 12, Entgeltgruppe 15 Fallgruppe 1)

in gleicher Weise ausgelegt werden. Unterschiedlich ist lediglich die Vergleichsbasis (Grundmerkmal) für die Heraushebung:

	Entgeltgruppe 9b	Entgeltgruppe 13
Grundmerkmal	■ abgeschlossene Hochschulbildung oder sonstiger Beschäftigter oder ■ gründliche, umfassende Fachkenntnisse und selbständige Leistungen	abgeschlossene wissenschaftliche Hochschulbildung oder sonstiger Beschäftigter

	Entgeltgruppe 9b	Entgeltgruppe 13
Heraushebungs-merkmale	**Entgeltgruppe 9c** besonders verantwortungsvolle Tätigkeit	
	Entgeltgruppe 10/11 besondere Schwierigkeit und Bedeutung	**Entgeltgruppe 14 Fallgruppe 1 und 2** besondere Schwierigkeit und Bedeutung
	Entgeltgruppe 12 erhebliches Maß der Verantwortung	**Entgeltgruppe 15 Fallgruppe 1** erhebliches Maß der Verantwortung

Für die Entgeltgruppe 9c bis 12 bauen die Heraushebungsmerkmale auf einer abgeschlossenen Hochschulbildung im Sinne des § 8 TV EntgO Bund bzw. auf gründlichen, umfassenden Fachkenntnissen auf, während für die Entgeltgruppen 14 und 15 auf einer abgeschlossenen wissenschaftlichen Hochschulbildung im Sinne des § 7 TV EntgO Bund aufgebaut wird.

Daher werden wir im Folgenden zunächst die Tätigkeitsmerkmale an sich in ihrem tariflichen Zusammenhang erläutern und anschließend konkrete Beispielfälle je Entgeltgruppe aus der Rechtsprechung aufarbeiten.

Teil I: Die Entgeltgruppen 9b bis 12

1. Gründliche, umfassende Fachkenntnisse und selbständige Leistungen

In der „traditionellen" Entgeltgruppe 9b Fallgruppe 2 TVöD-Bund werden gründliche, umfassende Fachkenntnisse und selbständige Leistungen gefordert. Dies entspricht den alten Eingruppierungsregeln der Vergütungsgruppe Vb Fallgruppe 1a BAT-B/L. Folglich kann auf die BAT-Rechtsprechung zum Tätigkeitsmerkmal der gründlichen, umfassenden Fachkenntnisse zurückgegriffen werden:

Die gründlichen, umfassenden Fachkenntnisse

Der Begriff der Gründlichkeit im Sinne der gründlichen, umfassenden Fachkenntnisse ist, obwohl wortgleich, nicht identisch mit dem der Gründlichkeit im Sinne der gründlichen und vielseitigen Fachkenntnisse. Die Vertiefung der Fachkenntnisse muss sich vielmehr deutlich voneinander abheben. Denn nunmehr wird nach der erläuternden Protokollerklärung ausdrücklich eine Steigerung nicht nur der Breite (gleich Umfang) wie bei den vielseitigen Fachkenntnissen, sondern auch nach der Tiefe der einzusetzenden Fachkenntnisse gefordert. Die Begriffe „gründlich" und „umfassend" sind somit nicht getrennt zu beurteilen. Vielmehr ist dieses Tätigkeitsmerkmal den „gründlichen und vielseitigen Fachkenntnissen" zusammenfassend gegenüberzustellen und einheitlich zu bewerten. Nur wenn unter dieser Bedingung eine entsprechende Steigerung nach Tiefe (Qualität) und Breite (Quantität) gegenüber dem Tätigkeitsmerkmal „gründliche und vielseitige Fachkenntnisse" festgestellt werden kann, ist das Tätigkeitsmerkmal der „gründlichen, umfassenden Fachkenntnisse" erfüllt. Umfassende Fachkenntnisse im o. g. Sinne werden danach für einen Aufgabenkreis jedenfalls dann nicht benötigt, wenn dieser im Verhältnis zu dem Gesamtgebiet oder den Gebieten der beschäftigenden Verwaltung nur einen relativ geringen Ausschnitt darstellt (vgl. BAG 05.07.2017, 4 AZR 866/15, AP Nr. 338 zu §§ 22, 23 BAT 1975 m. w. N.).

Die Tätigkeit muss so ausgestaltet sein, dass sie nur bei stärkerem Eindringen in die maßgeblichen Bestimmungen/Regelungen erbracht werden kann. Für die Entgeltgruppe 9b Fallgruppe 2 ist damit ein Fachwissen erforderlich, das sich nicht auf die bloße Kenntnis von (Gesetzes-)Tatbeständen beschränkt. Es soll zu stärker analysierenden Denkvorgängen, wie sie für die Entscheidung von Zweifelsfällen typisch sind, befähigen. Ein Mitarbeiter der Entgeltgruppe 9b

Fallgruppe 2 muss somit in der Lage sein, zweifelsfrei unter Beachtung des Wortlauts des Gesetzes, des Gesetzeszusammenhangs sowie unter Berücksichtigung des groben Überblicks über die maßgebende Literatur und Rechtsprechung, Sachverhalte zu lösen (vgl. BAG 05.07.2017, 4 AZR 866/15, AP Nr. 338 zu §§ 22, 23 BAT 1975).

Gründliche, umfassende Fachkenntnisse müssen sich aber nicht nur auf Rechtskenntnisse beziehen. Vielmehr sind alle Fachkenntnisse, die der Arbeitnehmer zur Aufgabenerfüllung benötigt, heranzuziehen. Das können wirtschaftlich-kaufmännische oder technische Kenntnisse sein, aber auch Erfahrungswissen (vgl. LAG Düsseldorf 19.08.2020, 4 Sa 124/20, zit. nach WKRS 2020, 56332).

Praxis-Tipp:

Es handelt sich aber regelmäßig um Kenntnisse auf Dipl.-FH-Niveau (vgl. z. B. Nds. LAG 29.04.2002, 8 Sa 1049/01 E; LAG M-V 26.07.2016, 5 Sa 226/15, zit. nach WKRS 2016, 25458; BAG 15.02.2006, 4 AZR 645/04, AP Nr. 32 zu §§ 22, 23 BAT-O).

Der Abschluss einer Dipl.-FH-Ausbildung ist aufgrund der Hochschulreform nur noch zeitlich begrenzt möglich. Bildungsrechtlich wird der Abschluss durch die inzwischen eingeführten Bachelor-Abschlüsse ersetzt (vgl. Beschluss der KMK vom 14.04.2000; Beschluss der KMK vom 20.09.2007 und der IMK vom 07.12.2007).

Beispiel zu gründlichen, umfassenden Fachkenntnissen

Sachbearbeiter im Sachgebiet „Planfeststellung und Grunderwerb"

Gründliche, umfassende Fachkenntnisse erfordern ein entsprechend vielschichtiges Arbeitsgebiet, wie z. B. die Sachbearbeitung im Sachgebiet „Planfeststellung und Grunderwerb" mit folgenden fünf Arbeitsvorgängen:

1. Bearbeiten von Grunderwerbs- und Entschädigungsvorgängen (70 Prozent)
2. Bearbeiten von Entschädigungen bei Eingriff in den eingerichteten und ausgeübten Gewerbebetrieb (10 Prozent)

3. Vorbereiten und Abwickeln der Vergabe von Aufträgen mit Geschäftsbesorgern (5 Prozent)

4. Prüfen und Vorbereiten von Verfahren zur vorzeitigen Besitzeinweisung und Enteignung einschließlich Entschädigung bzw. Entschädigungsfeststellungsverfahren sowie zur Flurbereinigung (10 Prozent)

5. Vorbereiten und Abwickeln der Vergabe von Aufträgen zur Liegenschaftsvermessung (5 Prozent)

Bereits der Arbeitsvorgang 1) „Bearbeiten von Grunderwerbs- und Entschädigungsvorgängen" erfordert gründliche, umfassende Kenntnisse. Der Beschäftigte benötigt für die Bearbeitung der damit übertragenen Aufgaben unstrittig nicht nur genaue Kenntnis einer hohen Anzahl von Gesetzen, Verordnungen und Richtlinien bzw. Verwaltungsvorschriften, sondern hat bei der Erarbeitung von Kaufverträgen diese unter Berücksichtigung von grundstücksbezogenen Verträgen und speziellen Bewertungsfragen zu beachten und anzuwenden. Damit sind nicht nur Teilbereiche der für die Erarbeitung von Kaufverträgen erforderlichen rechtlichen oder weiteren fachlichen Kenntnisse vonnöten, sondern ein breites fachliches Spektrum, das in das Erkennen von rechtlichen Zusammenhängen und Erarbeiten von Schlussfolgerungen einfließt, und deshalb über die gründlichen und vielseitigen Fachkenntnisse in der Vergütungsgruppe Vc BAT quantitativ und qualitativ hinausgeht.

Vergleichbares gilt für die weiteren Arbeitsvorgänge. Auch hier erfordert die Vornahme eigener Schätzungen unstrittig ein umfassendes Wissen über Theorie und Praxis der Schätzungen zur Verkehrswertermittlung einschließlich der anzuwendenden Rechtsvorschriften, was auch Voraussetzung für die Plausibilitätsprüfungen der eingeholten Wertgutachten ist. Bewertungen, die nicht bereits von anderen vorgegeben wurden, werden weiterverarbeitet. Bei eigenen Schätzungen nimmt der Mitarbeiter die Bewertung selbst vor. Damit eingeschlossen ist auch die Bewertung von Gebäuden und deren ggf. bestehender Mängel für die Ermittlung des Verkehrswerts der Liegenschaft. Da der Mitarbeiter die eigenen oder eingeholten und geprüften Bewertungen für Kaufverhandlungen zugrunde legt, muss er auch bei diesem Arbeitsvorgang die

Auswirkungen seiner Tätigkeit überblicken, so dass auch hier gründliche, umfassende Fachkenntnisse zu bejahen sind.

(LAG Berlin-Brandenburg 16.09.2010, 25 Sa 971/10, zit. nach WKRS 2010, 35640)

Weitere Beispiele für gründliche, umfassende Fachkenntnisse

- Bearbeiten von Widersprüchen in der zentralen Widerspruchsstelle eines Rechtsamts mit Widersprüchen aus den Rechtsgebieten Sozialhilfe, kommunale Abgaben, Jugendhilfe und Schulgesetz/Schülerbeförderung

  (BAG 27.08.2008, 4 AZR 470/07)
- Sachbearbeitung im Bereich Eingliederungsbeihilfe für behinderte Menschen (§ 53 Abs. 3 SGB XII, vorher § 39 Abs. 3 BSHG) in der Abteilung soziale Angelegenheiten für Senioren und behinderte Bürger im Sachgebiet Behindertenhilfe und Grundsicherung

  (BAG 09.05.2007, 4 AZR 351/06, AP Nr. 33 zu §§ 22, 23 BAT-O)
- Aufstellen und Bewerten von Bilanzen

  (BAG 15.02.2006, 4 AZR 645/04, AP Nr. 32 zu §§ 22, 23 BAT-O)
- Controller

  (vgl. LAG Niedersachsen 29.04.2002, 8 Sa 1049/01 E, zit. nach Reidelbach/Wieland/Fattler, A 321, XXXI.)
- Personalserviceberater im Jobcenter: Die gründlichen, umfassenden Fachkenntnisse ergeben sich daraus, dass die Tätigkeit eine dem Fachhochschulabschluss entsprechende Qualifikation erfordert. Das ergibt sich schon aus der Stellenbeschreibung des Arbeitgebers. Danach benötigt der Stelleninhaber eine Ausbildung für den gehobenen Dienst.

  (vgl. LAG M-V 07.03.2017, 5 Sa 227/15; zit. nach WKRS 2017, 12742)
- Sachbearbeiter Widersprüche und Klagen eines Jobcenters: Die gründlichen, umfassenden Fachkenntnisse ergeben sich jeweils aus den Arbeitsvorgängen „Bearbeitung von Widerspruchsverfahren im Rechtskreis des SGB II" und „Bearbeitung von Klageverfahren im Rechtskreis des SGB II". Die Arbeitsvorgänge erfordern jeweils Kenntnisse und Fertigkeiten, wie sie durch eine abgeschlossene Ausbildung zum Diplom-Verwaltungswirt (FH)

6

oder durch einen vergleichbaren Abschluss erworben werden. Für beide Arbeitsvorgänge sind fundierte Kenntnisse aus dem SGB II und angrenzenden Rechtsgebieten sowie fundierte Kenntnisse im Verfahrensrecht notwendig.

(vgl. LAG M-V 26.07.2016, 5 Sa 226/15; zit. nach WKRS 2016, 25458)

Selbständige Leistungen

Es gelten die gleichen Anforderungen wie bei den Entgeltgruppen 7, 8 und 9a. Lediglich die vorausgesetzten Fachkenntnisse erreichen hier ein neues Niveau. Sie müssen gründlich, umfassend sein.

Beispiele für selbständige Leistungen auf Basis gründlicher, umfassender Fachkenntnisse

1. **Sachbearbeiter im Sachgebiet „Planfeststellung und Grunderwerb"**

   Der Sachbearbeiter erbringt selbständige Leistungen: Der Mitarbeiter hat bei den Arbeitsvorgängen die Ergebnisse eigenständig zu erarbeiten und darüber zu befinden, welchen konkreten Vertragsinhalt er warum vorgibt und wie er das jeweilige Arbeitsergebnis erreichen will. Auch die Wertermittlung für Grundstücke setzt sowohl bei der eigenen Schätzung als auch der Einholung und Plausibilitätsprüfung von Gutachten Abwägungsprozesse voraus, die für die Selbständigkeit der Leistungen spricht. Diese Bewertung des für eine selbständige Leistung sprechenden Handlungsspielraums deckt sich mit den Angaben in der Tätigkeitsdarstellung. Diese Selbständigkeit der Leistungen liegt auch in einem nicht unbedeutenden, sondern rechtserheblichen Ausmaß vor.

   (vgl. LAG Berlin-Brandenburg 16.09.2010, 25 Sa 971/10, zit. nach WKRS 2010, 35640)

2. **Controller**

   Der Controller arbeitet im Bereich der Kosten- und Leistungsrechnung als Projektleiter. Die selbständigen Leistungen ergeben sich aus den dabei vorhandenen Entscheidungsbefugnissen. Der Arbeitnehmer kann den einzuschlagenden Weg und das zu erreichende Ergebnis bestimmen. Die Berichtspflicht gegenüber dem Vorgesetzten steht dem nicht entgegen.

(vgl. Nds. LAG 29.04.2002, 8 Sa 1049/01 E, zit. nach Reidelbach/Wieland/Fattler, A 321, XXXI.)

3. **Sachbearbeiter Widersprüche und Klagen eines Jobcenters**

   Bei einem Sachbearbeiter Widersprüche und Klagen eines Jobcenters liegen selbständige Leistungen vor: Die anzuwendenden Rechtsvorschriften eröffnen dem Mitarbeiter Beurteilungs- und Ermessensspielräume. Der Mitarbeiter hat bei der Entscheidung über einen Widerspruch abzuwägen, ob die Einwände des Antragstellers berechtigt sind, und zu begründen, wie er zu diesem Ergebnis gelangt ist. In Klageverfahren hat er sich ebenfalls mit der Argumentation der Gegenseite auseinanderzusetzen und zu prüfen, wie er sich hierauf einlässt.

   (vgl. LAG M-V 26.07.2016, 5 Sa 226/15; zit. nach WKRS 2016, 25458)

4. **Personalserviceberater im Jobcenter**

   Bei einem Personalserviceberater im Jobcenter ergeben sich die selbständigen Leistungen daraus, dass er bei der Bewilligung von Eingliederungszuschüssen über erhebliche Beurteilungs- und Ermessensspielräume verfügt. Der Mitarbeiter hat bei der Entscheidung abzuwägen, ob und in welchem Umfang er den Wünschen des Arbeitgebers nachkommen und finanzielle Mittel für die Vermittlung eines Arbeitsuchenden bereitstellen kann. Dabei sind die Erfolgsaussichten der Vermittlungsbemühungen einzuschätzen, was eine Verknüpfung verschiedener sachlicher und rechtlicher Gesichtspunkte erfordert.

   (vgl. LAG M-V 07.03.2017, 5 Sa 227/15; zit. nach WKRS 2017, 12742)

2. Abgeschlossene Hochschulbildung und entsprechende Tätigkeit

Die Fallgruppe 1 der Entgeltgruppe 9b fordert hingegen im Vergleich zum alten BAT-B/L als neues Tätigkeitsmerkmal eine abgeschlossene Hochschulbildung und entsprechende Tätigkeiten. Eine abgeschlossene Hochschulbildung liegt vor:

§

§ 8 TV EntgO Bund

[1]Eine abgeschlossene Hochschulbildung liegt vor, wenn von einer staatlichen Hochschule im Sinne des § 1 Hochschulrahmengesetz (HRG) oder einer nach § 70 HRG staatlich anerkannten Hochschule ein **Diplomgrad** mit dem Zusatz „Fachhochschule" („**FH**"), ein anderer nach § 18 HRG gleichwertiger Abschlussgrad oder ein **Bachelorgrad** verliehen wurde. [2]Die Abschlussprüfung muss in einem Studiengang abgelegt worden sein, der seinerseits mindestens das Zeugnis der Hochschulreife (allgemeine Hochschulreife oder einschlägige fachgebundene Hochschulreife) oder eine andere landesrechtliche Hochschulzugangsberechtigung als Zugangsvoraussetzung erfordert, und für den Abschluss eine Regelstudienzeit von mindestens sechs Semestern – ohne etwaige Praxissemester, Prüfungssemester o. Ä. – vorschreibt. [3]Der **Bachelorstudiengang** muss nach den Regelungen des Akkreditierungsrats **akkreditiert** sein. [4]Dem gleichgestellt sind Abschlüsse in **akkreditierten Bachelorausbildungsgängen an Berufsakademien**. [5]§ 7 Satz 6 gilt entsprechend.

Protokollerklärung zu Satz 3 und 4:

Das Akkreditierungserfordernis ist bis zum 31. Dezember 2024 ausgesetzt.

(Hervorhebungen durch die Verfasser)

6

Ein solches ausbildungsgebundenes Merkmal kannte der BAT-B/L im Allgemeinen Teil erst in Vergütungsgruppe IIa (heute Entgeltgruppe 13 des Teil I TVöD-Bund). Die unterschiedlichen Qualifikationsebenen sind in Kapitel 5.3 näher erläutert.

Für die entsprechende Tätigkeit gilt grundsätzlich das zu Entgeltgruppe 5 Fallgruppe 1 Gesagte entsprechend (vgl. Kapitel 4.6).

Für das hier erforderliche Dipl.-FH- bzw. BA-Niveau heißt das:

Eine Tätigkeit entspricht einer Dipl.-FH-Ausbildung, wenn die durch diese konkrete Dipl.-FH-Ausbildung erworbenen Kenntnisse und Fähigkeiten zur Ausübung der Tätigkeit erforderlich, das heißt notwendig sind. Nicht ausreichend ist es hingegen, wenn die Dipl.-FH-Qualifikation des Mitarbeiters für seinen Aufgabenkreis lediglich nützlich oder erwünscht ist. Voraussetzung ist vielmehr, dass nur solche Mitarbeiter, die ein entsprechendes Dipl.-FH-Studium erfolgreich abgeschlossen haben oder über gleichwertige Fähigkeiten und Erfahrungen verfügen, die Tätigkeit ordnungsgemäß und sachgerecht ausüben können. Dies erfordert einen Vergleich mit den Studieninhalten und inwieweit der Mitarbeiter diese in der Praxis benötigt (vgl. LAG Berlin-Brandenburg 10.02.2011, 26 Sa 2121/10, zit. nach WKRS 2011, 17264; LAG M-V 11.01.2022, 5 Sa 111/21 m. w. N., zit. nach WKRS 2022, 10915). Die Anforderungen an den sonstigen Beschäftigten wurden bereits in Kapitel 5.4 vorgestellt.

Beispiele aus der Rechtsprechung:

1. *Sachbearbeitung EU-Vergabeverfahren*

   Die klagende Partei verfügt über eine abgeschlossene Hochschulausbildung im Sinne der Entgeltgruppe 9b (hier TVöD-VKA). Es ist zwischen den Parteien unstreitig, dass der Arbeitnehmer die sogenannte erste und zweite Prüfung für Angestellte im kommunalen Verwaltungsdienst erfolgreich abgeschlossen hat. Dieser Ausbildungsgang steht einer Hochschulausbildung im Sinne der Vorbemerkung Nr. 4 zur Anlage 1 zum TVöD-VKA (hier § 8 TV EntgO Bund) gleich. Mit der Übertragung der EU-Vergabeverfahren übt die klagende Partei auch Tätigkeiten im Sinne der Entgeltgruppe 9b TVöD aus, was sich im Übrigen jedoch auch schon bereits aus der von der Beklagten selbst erstellten Tätigkeitsbeschreibung unter der Rubrik Ausbildungsbeschreibungen ergibt.

   (vgl. LAG M-V 12.12.2018, 3 Sa 101/18; zit. nach WKRS 2018, 52092)

2. *Lebensmittelkontrolleur*

   Der Mitarbeiter verfügt nicht über eine abgeschlossene Hochschulbildung. Er hat auch nicht dargelegt, dass er als sonstiger Beschäftigter aufgrund gleichwertiger Fähigkeiten und seiner Erfahrungen entsprechende Tätigkeiten ausübt. Der Hinweis des Mitarbeiters auf den Deutschen Qualitätsrahmen (DQR) ändert daran nichts. Die gleiche Einstufung von Meisterprüfung und Bachelor/Fachholschulabschluss besagt nicht, dass er über gleichwertige Fähigkeiten verfügt. Der zur Transparenz des Bildungssystems geschaffene DQR vermag weder eine bildungsrechtlich vorgegebene

Zugangsberechtigung zu ersetzen noch eine tarifrechtlich geforderte Voraussetzung zu präjudizieren. Zudem hat der Mitarbeiter nicht dargelegt, dass er entsprechende Tätigkeiten wie ein Beschäftigter mit abgeschlossener Hochschulausbildung ausübt. Unstreitig wird eine solche Ausbildung für Lebensmittelkontrolleure auch nicht verlangt.

(vgl. LAG Düsseldorf 19.08.2020, 4 Sa 124/20, Rev. nicht zugelassen, zit. nach WKRS 2020, 56332)

3. Die Tätigkeiten eines *städtischen Sachbearbeiters in der Raumbedarfsverwaltung* sind solche, die einer abgeschlossenen Hochschulbildung entsprechen. Zur ordnungsgemäßen Ausübung der Tätigkeiten sind juristische, wirtschaftswissenschaftliche und verwaltungswissenschaftliche Kenntnisse, Fähigkeiten und Methoden nötig, wie sie in dem FH-Studiengang „Öffentliche Verwaltung" vermittelt werden. Diese Ausbildung befähigt zu einem Einsatz in den unterschiedlichen Bereichen der Verwaltung, sei es im Bereich der öffentlichen Sicherheit und Ordnung, der Sozialverwaltung, Kultur, Wirtschaft und Verkehr bis hin zur Bauverwaltung, Stadtentwicklung und Landschaftspflege/ Umweltschutz. Die Hochschulbildung ermöglicht es aufgrund der dort vermittelten rechtlichen und wirtschaftlichen Kenntnisse sowie der wissenschaftlichen Methodik, sich das am jeweiligen Arbeitsplatz benötigte konkrete Wissen zu erarbeiten und dieses auf dem aktuellen Stand zu halten. Für die Tätigkeiten eines Sachbearbeiters in der Raumbedarfsverwaltung sind in rechtlicher Hinsicht Kenntnisse aus dem Zivilrecht, insbesondere dem Mietrecht, sowie aus dem Arbeits- und Arbeitsschutzrecht notwendig. Gleichfalls nötig sind in gewissem Umfang betriebswirtschaftliche Kenntnisse.

   (vgl. LAG M-V 11.01.2022, 5 Sa 111/21 m. w. N., zit. nach WKRS 2022, 10915)

3. Die Entgeltgruppe 9c – besonders verantwortungsvolle Tätigkeit

In der Entgeltgruppe 9c TVöD-Bund wird das Heraushebungsmerkmal der „besonders verantwortungsvollen" Tätigkeit gefordert.

Verlangt wird eine Heraushebung bezüglich der Verantwortung der Tätigkeit (zum Begriff der Heraushebung siehe Kapitel 3.10).

Mit dem Tätigkeitsmerkmal der besonders verantwortungsvollen Tätigkeit hat sich das BAG in seinen Entscheidungen vom 29.01.1986 (4 AZR 465/84, AP Nr. 115 zu §§ 22, 23 BAT 1975) und vom 19.03.1986 (4 AZR 642/84, AP Nr. 116 zu §§ 22, 23 BAT 1975) intensiv auseinandergesetzt. Die Rechtsprechung verweist regelmäßig auf diese Grundsatzentscheidungen (vgl. z. B. BAG 12.05.2004, 4 AZR 371/03, AP Nr. 301 zu §§ 22, 23 BAT 1975; BAG 21.01.2015, 4 AZR 253/13, AP Nr. 44 zu §§ 22, 23 BAT-O).

Nach den o. g. Grundsatzurteilen ist nach wie vor auch im TVöD-Bund von einer besonders verantwortungsvollen Tätigkeit auszugehen, wenn diese Bedingungen erfüllt sind.

§

Besonders verantwortungsvolle Tätigkeiten liegen vor, wenn die dem Beschäftigten übertragene Verantwortung beträchtlich gewichtiger ist als die bereits in der Vergütungsgruppe Vb Fallgruppe 1a *(jetzt Entgeltgruppe 9b)* geforderte „Normalverantwortung".

(BAG 19.03.1986, 4 AZR 642/84, AP Nr. 116 zu §§ 22, 23 BAT 1975; BAG 15.02.2006, 4 AZR 645/04, AP Nr. 32 zu §§ 22, 23 BAT-O; *Ergänzung durch die Verfasser*)

6

Normalverantwortung bedeutet:

§

BAG vom 09.05.2007

Nach der ständigen Rechtsprechung des Senats ist unter „Verantwortung" im Sinne des zur Beurteilung stehenden Tarifmerkmals zunächst die Verpflichtung der Angestellten zu verstehen, dafür einstehen zu müssen, dass in dem ihr übertragenen Dienst- oder Arbeitsbereich die dort – auch von anderen Bediensteten – zu erledigenden Aufgaben sachgerecht, pünktlich und vorschriftsgemäß ausgeführt werden.

(BAG 09.05.2007, 4 AZR 351/06, AP Nr. 33 zu §§ 22, 23 BAT-O)

Die hier geforderte besondere Verantwortung erfordert demnach Tätigkeiten mit besonderer/erheblicher Tragweite (BAG 15.02.2004,

4 AZR 371/03, AP Nr. 301 zu §§ 22, 23 BAT 1975; BAG 15.02.2006, 4 AZR 645/04, AP Nr. 32 zu §§ 22, 23 BAT-O).

Die besondere Verantwortung kann sich damit typischerweise beziehen auf

- andere Mitarbeiter (Leitungs- im Sinne von Aufsichtsfunktionen),
- dritte Personen,
- Sachen,
- Arbeitsabläufe,
- zu gewinnende wissenschaftliche Resultate,
- technische Zusammenhänge (beim Einsatz von Computern),

soweit diese mit Auswirkungen von erheblicher Tragweite verbunden sind (vgl. BAG 21.01.2015, 4 AZR 253/13, AP Nr. 44 zu §§ 22, 23 BAT-O; BAG 21.02.2001, 4 AZR 40/00, zit. nach WKRS 2001, 24761).

BAG vom 15.02.2006

Das Merkmal fordert allerdings nicht, dass der Angestellte die letzte oder alleinige Verantwortung trägt. Es kann nämlich im Einzelfall durchaus so liegen, dass der Angestellte, obwohl er als der Verantwortliche nicht in Erscheinung tritt, an Maßnahmen mit erheblichen Auswirkungen gegenüber dem öffentlichen Arbeitgeber oder Dritten deshalb wesentlich beteiligt ist, weil sein Vorgesetzter zur Nachprüfung aller vom Angestellten bearbeiteten Vorgänge schon zeitlich nicht in der Lage und deshalb nicht dazu verpflichtet ist. In solchen Fällen kann eine bestehende Mitverantwortung je nach Umfang und Bedeutung der Beteiligung des Angestellten die Eigenschaft der besonderen Verantwortung im Sinne der VG IVb begründen. Dabei kommt es **maßgeblich** darauf an, **ob und inwieweit eine echte Nachprüfung der vom Angestellten vorgelegten Sachen erfolgt. Ist dies nicht der Fall, kann somit eine Mitverantwortung des Angestellten ausreichend sein; eine Verantwortung nach außen wird dann nicht zwingend gefordert**.

(BAG 15.02.2006, 4 AZR 645/04, AP Nr. 32 zu §§ 22, 23 BAT-O m. w. N.; *Hervorhebung durch die Verfasser*)

So muss dem Mitarbeiter beispielsweise keine Unterschriftsbefugnis obliegen. Trotzdem kann – je nach Lage des Einzelfalls – der Unterschriftsbefugnis eine Bedeutung zukommen, nämlich dann, wenn dem Arbeitnehmer keine Unterschriftsbefugnis eingeräumt worden ist, da seine Arbeitsergebnisse inhaltlich im Detail kontrolliert und danach ggf. nochmals geändert werden. Bei einer solchen Fallkonstellation kann dem Arbeitnehmer die Arbeitsleistung und damit die

Verantwortung nicht mehr unmittelbar zugerechnet werden. Er ist nicht selbst für die richtige Ausführung seiner Arbeit verantwortlich und muss dementsprechend auch nicht selbst für seine Arbeitsergebnisse einstehen (vgl. zur Bedeutung der Unterschriftsbefugnis: BAG 18.06.1997, 4 AZR 28/95, ZTR 1998, S. 87).

Zusammenfassend ist von diesen Prüfkriterien auszugehen:

Checkliste: Prüfung der besonders verantwortungsvollen Tätigkeit

- Feststellung der stellen-/aufgabenbezogenen (Normal-)Verantwortung des Arbeitnehmers
- Prüfen, welche konkreten Folgen sich aus dem Handeln bzw. Nichthandeln des Arbeitnehmers ergeben können, um Tätigkeiten mit erheblichen Auswirkungen zu ermitteln
- Abgrenzung der Feststellungen nach oben, insbesondere dem Begriff der „Bedeutung" der Entgeltgruppe 10/11

Beispiel aus der Rechtsprechung:

So ergibt sich die besondere Verantwortung bei einem Sachbearbeiter im Sachgebiet „Planfeststellung und Grunderwerb" (*Fortführung des 1. Beispiels unter Kapitel 6.1*) aus der Betroffenheit des Landes, der Allgemeinheit und der Eigentümer von den von ihm getroffenen Entscheidungen bzw. ihrer Auswirkungen. Vom Handeln des Mitarbeiters werden drei Interessengruppen berührt: Bei einem Eigentumswechsel sind die bisherigen Eigentümer sowie der Landesbetrieb betroffen. Es geht dabei um beträchtliche finanzielle Mittel. Daneben führen lange Verhandlungen zur Verzögerung in der Bauausführung, wodurch die Allgemeinheit betroffen ist, weil Straßen später übergeben werden können und Verbesserungen des Verkehrsflusses erst verzögert eintreten. Dadurch können ggf. wiederum höhere Kosten für den Landesbetrieb, aber auch die Allgemeinheit anfallen.

(LAG Berlin-Brandenburg 16.09.2010, 25 Sa 971/10, zit. nach WKRS 2011, 17264)

In folgenden Fällen wurde ebenfalls eine besonders verantwortungsvolle Tätigkeit bejaht:

Beispiele aus der Rechtsprechung:

- Führen von Verhandlungen über privatrechtliche Duldungs-, Nutzungs-, Pacht-, Kauf- oder Tauschverträge über Grundstücke, ohne Abschlussvollmacht und anhand von Vertragsmustern

  (vgl. BAG 17.08.1994, 4 AZR 644/93, AP Nr. 183 zu §§ 22, 23 BAT 1975)
- einziger Personalsachbearbeiter einer Dienststelle

  (vgl. LAG Düsseldorf 04.02.1997, 16 Sa 1554/96, zit. nach Reidelbach/Wieland/Fattler, P 150)
- Controller als Projektleiter zur Einführung einer dienststellenweiten Kosten- und Leistungsrechnung

  (vgl. Nds. LAG 29.04.2002, 8 Sa 1049/01 E, zit. nach Reidelbach/Wieland/Fattler, A 321, XXXI.)
- Leitungs- und Aufsichtsfunktionen

  (vgl. BAG 01.08.2001, 4 AZR 298/00, ZTR 2002, S. 178)
- Die Tätigkeiten der **Umwelt(schutz)beauftragten**, bestehend aus den Arbeitsvorgängen Abfallwirtschaft und Umweltschutz sind jeweils besonders verantwortungsvoll, da die zu treffenden Entscheidungen gravierende Auswirkungen für die Stadt und die Bürger haben können. Dies zeigt sich zum Beispiel im Bereich der Abfallwirtschaft bei der Kalkulation der Abfallgebühren. Wenn diese unkorrekt erfolgt, entgehen der Beklagten Gebühren. Wird die Abfallberatung, die die Klägerin eigenständig vornimmt, fehlerhaft durchgeführt, so kann dies zu Umweltbeeinträchtigungen führen. Gleiches gilt aber auch für die Aufgabenbereiche des Umweltschutzes. In diesem Zusammenhang vermittelt die Klägerin auch eigenständig umweltrelevante Themen und Verhaltensweisen an Multiplikatoren, zum Beispiel an Lehrer und Schüler, Kindergärten, Vereine und Agendagruppen, zum Teil Architekten, Handwerker, etc. Ihre Stellungnahmen bereiten politische Beschlüsse vor, sodass die politisch Handelnden bei der Beklagten darauf angewiesen sind, zutreffend informiert zu werden. Die Klägerin ist

darüber hinaus federführend für den Klimaschutz und für die Koordination von Projekten in diesem Bereich zuständig.

(vgl. LAG Hamm 05.06.2012, 12 Sa 65/12, zit. nach WKRS 2012, 42680)

- Die besonders verantwortungsvolle Tätigkeit ergibt sich bei einem **Sachbearbeiter Widersprüche und Klagen** eines Jobcenters jeweils aus den Arbeitsvorgängen „Bearbeitung von Widerspruchsverfahren im Rechtskreis des SGB II" und „Bearbeitung von Klageverfahren im Rechtskreis des SGB II": Der Mitarbeiter hat dafür einzustehen, dass sowohl die Widerspruchs- als auch die Klageverfahren dem geltenden Recht entsprechend geführt werden. Ihm allein obliegt es, den entscheidungserheblichen Sachverhalt richtig und vollständig zu erfassen und die maßgeblichen Rechtsvorschriften anzuwenden. Er entscheidet abschließend, ob er einem Widerspruch abhilft oder nicht bzw. wie er das Klageverfahren führt und beendet. Mit seiner Unterschrift unter den Widerspruchsbescheiden und den Schriftsätzen übernimmt er die Verantwortung für die Rechtmäßigkeit. Dementsprechend fallen evtl. Fehler auf ihn zurück, für die er sich ggf. gegenüber Vorgesetzten zu rechtfertigen hat. Eine derart weitreichende Unterschriftsberechtigung kann einem Fachhochschulabsolventen auch nach einer üblichen Einarbeitungszeit regelmäßig nicht sogleich übertragen werden. Hierzu bedarf es einer mehrjährigen einschlägigen Berufserfahrung, wie sie auch in der Stellenbeschreibung gefordert ist.

  (vgl. LAG M-V 26.07.2016, 5 Sa 226/15; zit. nach WKRS 2016, 25458)

- Bei einem **Personalserviceberater** im Jobcenter ergibt sich die besonders verantwortungsvolle Tätigkeit aus folgenden Aspekten: Der Berater entscheidet über erhebliche Geldbeträge. Gemäß Stellenbeschreibung verfügt er über Unterschriftsbefugnis. Die Entscheidungen trifft er weitgehend allein, ohne die Zustimmung des Teamleiters einholen zu müssen. Die von ihm verfügten Bescheide werden im Regelfall nicht mehr sachlich geprüft, sondern nur noch ausgefertigt und versandt. Evtl. Fehler fallen auf den Mit-

6

arbeiter zurück, ohne dass er sich auf die Verantwortlichkeit des Teamleiters berufen kann.

(vgl. LAG M-V 07.03.2017, 5 Sa 227/15; zit. nach WKRS 2017, 12742)

4. Die besondere Schwierigkeit und Bedeutung

§

Entgeltgruppe 10

**Beschäftigte der Entgeltgruppe 9b Fallgruppe 1,
deren Tätigkeit sich mindestens zu einem Drittel durch besondere Schwierigkeit und Bedeutung aus der Entgeltgruppe 9b Fallgruppe 1 heraushebt.**

Entgeltgruppe 11

**Beschäftigte der Entgeltgruppe 9b Fallgruppe 1,
deren Tätigkeit sich durch besondere Schwierigkeit und Bedeutung aus der Entgeltgruppe 9b Fallgruppe 1 heraushebt.**

Der Unterschied zwischen Entgeltgruppe 10 und Entgeltgruppe 11 TVöD-Bund liegt nicht in den inhaltlichen Anforderungen (besondere Schwierigkeit und Bedeutung). Diese sind in beiden Entgeltgruppen identisch. Vielmehr kommt es ausschließlich auf den Zeitanteil an: Für Entgeltgruppe 10 TVöD-Bund genügen 1/3, für Entgeltgruppe 11 ist hingegen ein Zeitanteil von 50 Prozent erforderlich. Beide Entgeltgruppen können im Folgenden aus inhaltlicher Sicht einheitlich betrachtet werden.

Verlangt wird eine Heraushebung bezüglich der besonderen Schwierigkeit und Bedeutung der Tätigkeit (zum Begriff der Heraushebung siehe Kapitel 3.10).

Begriffsklärung

Mit den Tätigkeitsmerkmalen „besondere Schwierigkeit und Bedeutung“ werden zwei voneinander abgrenzbare, unterschiedliche tarifliche Anforderungen gestellt. Die Schwierigkeit betrifft die Anforderungen an das fachliche Können des Arbeitnehmers, die Bedeutung hingegen die Auswirkungen der übertragenen Aufgaben (vgl. BAG 22.06.2022, 4 AZR 495/21, AP Nr. 8 zu § 12 TV-L m. w. N. auf die Rechtsprechung des BAG).

Dabei ist insbesondere zu berücksichtigen, dass beide Anforderungen kumulativ (das heißt gleichzeitig) erfüllt sein müssen. Im Rahmen der Eingruppierung ist deshalb im Einzelnen und unabhängig voneinander zu prüfen, ob die Tätigkeiten des Arbeitnehmers das Heraushebungsmerkmal der besonderen Schwierigkeit erfüllen und ob sie darüber hinaus auch noch bedeutungsvoll sind (vgl. BAG 21.03.2012, 4 AZR 292/10, AP Nr. 322 zu §§ 22, 23 BAT 1975; BAG 16.08.2023, 4 AZR 339/22, AP Nr. 19 zu § 12 TVöD).

Die tarifliche Anforderungskombination der „**besonderen Schwierigkeit**" bezieht sich nach der ständigen Rechtsprechung des BAG auf die fachliche Qualifikation des Arbeitnehmers, das heißt auf sein fachliches Können und seine fachliche Erfahrung. Sie verlangt, dass sich die Tätigkeit des Arbeitnehmers hinsichtlich der fachlichen Anforderungen in beträchtlicher, gewichtiger Weise von denjenigen der niedrigeren Entgeltgruppe abhebt. Wird dort in dem einschlägigen Tätigkeitsmerkmal eine einem bestimmten Beruf entsprechende Tätigkeit („Normaltätigkeit") gefordert, sind die Ausbildungsinhalte dieses Berufs während des streitigen Anspruchszeitraums maßgebend. Die erhöhte Qualifizierung im Vergleich zur „Normaltätigkeit" dieses Berufs kann sich im Einzelfall aus der Breite und Tiefe des geforderten fachlichen Wissens und Könnens ergeben, aber auch aus außergewöhnlichen Erfahrungen oder einer sonstigen gleichwertigen Qualifikation, etwa Spezialkenntnissen (vgl. BAG 22.06.2022, 4 AZR 495/21, AP Nr. 8 zu § 12 TV-L; BAG 18.11.2015, 4 AZR 605/13, AP Nr. 335 zu §§ 22, 23 BAT 1975).

Die besondere Schwierigkeit in diesem Sinne ergibt sich beispielsweise nicht aus der reinen Anwendung einer Software zur Sachverhaltserfassung, denn dies erfordert keinen besonderen technischen Sachverstand. Besondere IT-Kenntnisse, wie beispielsweise zur Programmierung einer Software oder zum Vornehmen von Softwareanpassungen, sind nicht erforderlich (vgl. LAG SLH 27.09.2012, 5 Sa 48/12, ZTR 2013, S. 29 ff.).

Spezialkenntnisse im Sinne der besonderen Schwierigkeit liegen nur vor, wenn diese ein besonderes Gebiet abdecken, das nicht bereits in der grundständigen Ausbildung vermittelt worden ist. Die bloße Einarbeitung in die konkrete berufliche Tätigkeit stellt ebensowenig Spezialkenntnisse dar wie die Aktualisierung der beruflichen Kenntnisse und Fähigkeiten sowie eine berufliche Weiterbildung im Hinblick auf veränderte technische Entwicklungen (vgl. BAG zum vergleichbaren Begriff der Spezialausbildung: BAG 20.05.2009, 4 AZR 184/08, AP Nr. 12 zu § 1 TVG Tarifverträge: Arbeiterwohlfahrt m. w. N.).

Praxis-Tipp:
Da die Rechtsprechung bei gründlichen, umfassenden Fachkenntnissen von Dipl.-FH-Niveau ausgeht, ist für die besondere Schwierigkeit im Sinne der Entgeltgruppe 10/11 ein Wissen erforderlich, das nicht mehr im Rahmen der einschlägigen Dipl.-FH- bzw. BA-Ausbildung vermittelt wird.

Wertender Vergleich	
Normaltätigkeit	**Heraushebungsmerkmal**
= das in der Ausbildung Erlernte	z. B. Schwierigkeit:
= der in jedem Fall zum Berufsbild gehörende Arbeitsinhalt	= das in der Ausbildung nicht mehr Erlernte
...	= der nicht regelmäßig zum Berufsbild gehörende Arbeitsinhalt
	...

(vgl. BAG 18.11.2015, 4 AZR 605/13, AP Nr. 335 zu §§ 22, 23 BAT 1975; BAG 14.09.2015, 4 AZR 964/13, AP Nr. 46 zu §§ 22, 23 BAT-O)

6

Darüber hinaus ist zu beachten, dass sich die Schwierigkeit unmittelbar aus der Tätigkeit selbst ergeben muss. Eine Tätigkeit kann nicht als besonders schwierig im Tarifsinne angesehen werden, „nur" weil sie unter belastenden Bedingungen geleistet werden muss (vgl. z. B. BAG 22.06.2022, 4 AZR 495/21, AP Nr. 8 zu § 12 TV-L).

Im Gegensatz zur besonderen Schwierigkeit knüpft die **Bedeutung** an die Auswirkungen der Tätigkeit an. Bei der Auslegung dieses Tätigkeitsmerkmals sind zwei Besonderheiten zu beachten: Es fehlt das Adjektiv „besonders". Die Tarifvertragsparteien greifen erstmals auf diese Anforderung im Entgeltgefüge für Arbeitnehmer mit Dipl.-FH-/Bachelor-Grad bzw. abgeschlossener wissenschaftlicher Hochschulbildung zurück. Aus diesem Grund genügt es, wenn sich die Tätigkeit des Arbeitnehmers überhaupt durch ihre Bedeutung deutlich wahrnehmbar aus den Anforderungen der Entgeltgruppe 9c TVöD-Bund heraushebt (vgl. BAG 16.08.2023, 4 AZR 339/22, AP Nr. 19 zu § 12 TVöD).

Die Auslegung des Begriffs „Bedeutung" orientiert sich nach dem allgemeinen Sprachgebrauch, wonach etwas von Bedeutung ist, wenn es von Belang oder **großer Tragweite ist** oder **gewichtige Nachwirkungen** hat.

Dabei ist grundsätzlich jede Art der Auswirkung der Tätigkeiten eines Beschäftigten geeignet, die Bedeutung des Aufgabengebiets im tariflichen Sinne zu begründen.

Im Einzelnen kommen in Betracht:

- Art oder Größe des Aufgabengebietes bzw.
- die Tragweite der Tätigkeit für den innerdienstlichen Bereich oder die Allgemeinheit

(vgl. BAG 16.08.2023, 4 AZR 339/22, AP Nr. 19 zu § 12 TVöD; BAG 22.06.2022, 4 AZR 495/21, AP Nr. 8 zu § 12 TV-L m. w. N.)

Dabei müssen weitreichende Auswirkungen bzw. erhebliche Folgewirkungen vorliegen. Von einer entsprechenden Tragweite der Arbeit des Arbeitnehmers kann ausgegangen werden, wenn er bei der Lösung dieser Aufgaben auch über entsprechende Entscheidungskompetenzen verfügt. Fehlen solche Entscheidungskompetenzen, fehlt es auch an den entsprechenden – unmittelbaren – Auswirkungen der Tätigkeit des Arbeitnehmers (BAG 14.04.1999, 4 AZR 334/98, AP Nr. 263 zu §§ 22, 23 BAT 1975).

Weitreichende Auswirkungen sind zudem regelmäßig erst dann gegeben, wenn der Mitarbeiter keine Einzelfallentscheidungen trifft, sondern strategische/fallübergreifende Entscheidungen, die für eine Vielzahl von Fallgestaltungen relevant sind, oder Grundsatzentscheidungen – zumindest mit – zu treffen hat (vgl. BAG 16.05.2013, 4 AZR 445/11, AP Nr. 328 zu §§ 22, 23 BAT 1975).

Das Vorliegen der o. g. Tätigkeitsmerkmale kann daher nur durch einen wertenden Vergleich zwischen der Grundtätigkeit und der herausgehobenen Tätigkeit begründet werden. Im Streitfall ist es daher nicht ausreichend, wenn die Tätigkeit im Einzelnen dargestellt wird. Vielmehr müssen darüber hinaus Tatsachen dargelegt werden, die den erforderlichen Vergleich mit den nicht herausgehobenen Tätigkeiten ermöglichen (vgl. BAG 16.08.2023, 4 AZR 339/22, AP Nr. 19 zu § 12 TVöD; BAG 22.06.2022, 4 AZR 495/21, AP Nr. 8 zu § 12 TV-L m. w. N.).

Praxis-Tipp:
Diese Anforderungen werden nur durch eine Stellenbeschreibung und eine darauf aufgebaute Stellenbewertung erfüllt. Eine Stellenbeschreibung allein ist nicht ausreichend.

Beispiele:

1. *Tätigkeit als städtischer Sachbearbeiter in der Raumbedarfsverwaltung (Fortführung des Beispiels von Kapitel 6.3)*

   Die Tätigkeit erfordert kein Wissen und Können, das deutlich über dasjenige eines Diplom-Verwaltungswirts bzw. Bachelor of Laws Öffentliche Verwaltung hinausgeht. Er benötigt keine Spezialkenntnisse, insbesondere nicht solche bautechnischer Art. Zwar benötigt er ein gewisses bautechnisches Grundverständnis. Sich dieses Grundverständnis anzueignen, gehört zur Einarbeitung auf dem konkreten Arbeitsplatz. Das gilt im Übrigen nicht nur für ein Aufgabengebiet wie das des Sachbearbeiters, sondern auch für andere Verwaltungsbereiche, die einen technischen Bezug aufweisen. Der Sachbearbeiter benötigt keine Kenntnisse, die Teil einer baugewerblichen Ausbildung oder eines Bauingenieurstudiengangs sind. Vielmehr greift die Beklagte wegen der bautechnischen Fachkenntnisse auf den KOE zurück. Für alle Leistungen an und in Gebäuden, die Bausachverstand erfordern, ist der KOE mit der Projektsteuerung zu beauftragen. Aufgabe des Sachbearbeiters ist es, dafür zu sorgen, dass die Anforderungen der Nutzer an die Räumlichkeiten gewahrt, also die Räumlichkeiten bedarfsgerecht erstellt werden. Für die bautechnische Planung und Umsetzung ist hingegen der KOE zuständig und verantwortlich. Der Sachbearbeiter mag zum Teil Aufgaben eines Bauherrn wahrnehmen. Ein Bauherr muss jedoch nicht über den gleichen Sachverstand verfügen wie das ausführende Bauunternehmen. Der Sachbearbeiter hat weder dargestellt, über welche konkreten bautechnischen Fachkenntnisse er auf welcher Grundlage verfügt, noch weshalb diese für die ordnungsgemäße Erledigung seiner Aufgaben nicht nur nützlich, sondern erforderlich sind. Soweit er Fort- und Weiterbildungen besucht hat, hatten diese keine bautechnischen Bezüge. Für die Teilnahme an Baubesprechungen sind keine Fachkenntnisse

6

bautechnischer Art nötig. Gleiches gilt für den Umgang mit Bauzeichnungen. Der Sachbearbeiter muss sich zwar als Nutzervertreter mit unterschiedlichen baulichen Vorgaben und Gestaltungsmöglichkeiten auseinandersetzen und diese in seine Planungen einbeziehen. Bautechnischer Sachverstand, der über ein bautechnisches Grundverständnis hinausgeht, ist dafür jedoch nicht erforderlich. Dem Sachbearbeiter ist nicht die technische Bauüberwachung übertragen, sondern die Prüfung, ob die Nutzeranforderungen eingehalten sind.

(vgl. LAG M-V 11.01.2022, 5 Sa 111/21 m. w. N., zit. nach WKRS 2022, 10915)

2. *Tätigkeit als Umwelt(schutz)beauftragte (Fortführung des Beispiels von Kapitel 6.3)*

   Die Mitarbeiteriin vermochte nicht darzulegen, worin die besondere Schwierigkeit und Bedeutung der Tätigkeit als Umwelt(schutz)beauftragte, bestehend aus den Arbeitsvorgängen Abfallwirtschaft und Umweltschutz, besteht.

   Besondere Schwierigkeit

   Entgegen ihrer Ansicht ergibt sich die besondere Schwierigkeit als Heraushebungsmerkmal nicht daraus, dass insbesondere bei Beginn der Tätigkeit das Aufgabengebiet noch wenig scharf umrissen gewesen sei und eine einschlägige Ausbildung nicht konzipiert gewesen sei. Neue Situationen durch neue Gesetze und Verordnungen entstehen nicht nur im Bereich der Umweltpolitik, sondern auch in anderen Bereichen kommunalen Wirkens. Soweit die Mitarbeiterin auf Beispiele wie die Sandgrube Hassler oder die Kieselrotproblematik verweist, ist die besondere Schwierigkeit nicht nachzuvollziehen. Eine solche Flexibilität wird von allen städtischen Mitarbeitern erwartet, deren Tätigkeit besonders verantwortungsvoll ist und gründliche und umfassende Fachkenntnisse sowie selbständige Leistungen fordert. Warum die Öffentlichkeitsarbeit in ihrem Bereich schwieriger sein soll als in anderen Bereichen, wird aus dem Vorbringen der Mitarbeiterin ebenfalls nicht deutlich. Warum sich ein erhöhter Schwierigkeitsgrad im Sinne des Tarifvertrages aus der Reflexionsfähigkeit der Mitarbeiterin ergeben soll, ist nicht erkennbar. Die Mitarbeiterin hat auch nicht im Einzelnen vorgetragen, welche neuen Mittel und Methoden sie im Bereich der Öffentlichkeitsarbeit entwickelt hat und wie diese im Einzelnen aussehen. Nur wenn erkennbar wäre, welche genauen konkreten Tätigkeiten die Mitarbeiterin in den einzelnen Arbeitsbereichen verrichtet, wäre erkennbar gewesen, ob es sich dabei um ein deutlich wahrnehmbar breiter angelegtes Wissen und Können handelt, als dasjenige, was schon für die Tätigkeit von Angestellten in den zugrunde liegenden Vergütungsgruppen erforderlich ist.

Bedeutung

Aus dem Vorbringen der Mitarbeiterin ergibt sich weiter auch nicht, dass das Heraushebungsmerkmal der Bedeutung gegeben ist. Die Tätigkeit der Umwelt(schutz)beauftragten ist nicht gesetzlich verankert. Die Aufgabe des Umweltschutzes liegt nach § 1 Landesimmissionsschutzgesetz auch nicht bei der Beklagten, sondern beim Kreis. Die Mitarbeiterin ist auch nicht im Rahmen einer Stabsstelle tätig, sondern ist eingebunden einerseits in die Kämmerei und andererseits in den Bereich des Bauamtes. Hierarchisch betrachtet, trifft die Mitarbeiterin keine Letztentscheidung, sondern bereitet die Entscheidungen, die von ihrem Dezernenten bzw. Amtsleiter zu verantworten sind, vor. Welche Bedeutung die Tätigkeit der Mitarbeiterin im Einzelnen hat, hat sie nicht vorgetragen. Das Vorbringen der Mitarbeiterin besteht aus Darstellungen von beispielsweise einzelnen Tätigkeiten, ohne dass sich aus einem Gesamtbild ergäbe, dass ihr Aufgabengebiet das Heraushebungsmerkmal bedeutend erfüllt.

(vgl. LAG Hamm 05.06.2012, 12 Sa 65/12, zit. nach WKRS 2012, 42680)

3. *Sachbearbeitung Grundsatzfragen*

   Die Bearbeitung von Grundsatzangelegenheiten und Auswertung von bundes- und landesrechtlicher Gesetzgebungsvorhaben, Rechtsprechung, Literatur und Statistik vor dem Hintergrund der Aufgaben des Amtes für Soziales und Wohnen: Die besondere Schwierigkeit ergibt sich – bei summarischer Prüfung – hier aus der Tatsache, dass der Mitarbeiter nicht nur ein Rechtsgebiet, sondern mehrere Rechtsgebiete bearbeiten muss und zudem keine konkreten Arbeitsaufträge erhält. Damit ist ein, die Tätigkeit eines normalen Sachbearbeiters beträchtlich übersteigendes fachliches Können erforderlich. Die Anforderungen an die Tätigkeit des Mitarbeiters übersteigen danach das von einem normalen Sachbearbeiter zu erwartende Fachwissen in Breite und Tiefe. Dies ergibt sich auch daraus, dass der Mitarbeiter die durch die Sachbearbeiter zu verwendenden Vordrucke und Formulare entwirft. Unabhängig davon, ob diese noch durch den Sachgebietsleiter oder Abteilungsleiter genehmigt werden müssen, ist einleuchtend, dass die Überarbeitung und Erstellung dieser Formulare erheblich größeres Fachwissen und Erfahrung voraussetzt als die Tätigkeit der späteren Anwender derselben. Dem steht nicht entgegen, dass bei der Beklagten weitere drei Mitarbeiter mit denselben Aufgaben betraut sind und sich diese die Arbeit ggf. thematisch aufgeteilt haben. Auch dann verbleibt für den Mitarbeiter ein fachlicher Tätigkeitsbereich, der über den eines normalen Sachbearbeiters deutlich hinausgeht. Die Bedeutung ergibt sich – bei summarischer Prüfung – aus folgenden Aspekten: Die vom Mitarbeiter erstellten Dienstanweisungen/Richtlinien und Vordrucke sind – nach Genehmigung durch die Sachgebietsleitung bzw. die Abteilungsleitung – für den innerdienstlichen Bereich verbindlich. Dadurch kommt ihnen sowohl intern als auch mittelbar im Rahmen der Anwendung durch die Sachbearbeiter extern erhebliche Bedeutung zu, die über den Einzelfall und damit die Bedeutung der Tätigkeit eines mit der Anwendung betrauten Sacharbeiters weit hinausgeht.

(vgl. LAG Hamm 11.04.2018, 6 Sa 1697/17, zit. nach WKRS 2018, 57556)

4. Die Tätigkeit als *Leitung eines Behindertenzentrums* erfüllt die Voraussetzungen (...): Die besondere Schwierigkeit im tariflichen Sinne ergibt sich daraus, dass von der Leitung nicht nur fachliche Kenntnisse im Haushalts- und Finanzwesen, sondern darüber hinaus auch Kenntnisse in der Personalführung, in der Verwaltungsorganisation sowie spezielle fachbezogene Kenntnisse im Hinblick auf die im Heim betreuten behinderten Menschen gefordert werden. Die herausgehobene Bedeutung ergibt sich aus der Anzahl der Bewohner (ca. 152) und der Anzahl der der Leitung unterstellten Mitarbeiter (ca. 80) sowie wegen der Größe des

Aufgabengebiets und der finanziellen Verantwortung als Heimleitung.

(vgl. BAG 07.05.2008, 4 AZR 303/07, AP Nr. 37 zu §§ 22, 23 BAT-O)

5. Das Maß an Verantwortung

Entgeltgruppe 12

Beschäftigte der Entgeltgruppe 11, deren Tätigkeit sich durch das Maß der damit verbundenen Verantwortung erheblich aus der Entgeltgruppe 11 heraushebt.

Verlangt wird eine erhebliche Heraushebung bezüglich der Verantwortung der Tätigkeit (zum Begriff der Heraushebung siehe Kapitel 3.10).

Begriffsklärung

Der Begriff der Verantwortung kommt im TVöD-Bund – wie im BAT und TV-L – in zwei Varianten vor:

- besonders verantwortungsvolle Tätigkeit (Entgeltgruppe 9c)
- Maß der Verantwortung (Entgeltgruppe 12)

Wichtig: Die Rechtsprechung zum BAT geht davon aus, dass begrifflich dasselbe gemeint ist (vgl. z. B. BAG 13.05.2020, 4 AZR 173/19, AP Nr. 1 zu § 12 TVöD).

Dabei ist nach dem erkennbaren Sinn und Zweck der entsprechenden Tarifnormen auf die Bedeutung des Worts „Verantwortung" im allgemeinen Sprachgebrauch zurückzugreifen. Dieser versteht darunter die mit einer bestimmten Stellung oder Aufgabe verbundene Verantwortung, das heißt die Verpflichtung, der jeweiligen Stellung oder Aufgabe entsprechend dafür zu sorgen, dass innerhalb eines bestimmten Rahmens oder Lebensbereichs alles einen guten, sachgerechten Verlauf nimmt, was beispielsweise mit der entsprechenden Verantwortung von Eltern, Lehrern, aber auch Ärzten, Ingenieuren und Redakteuren erläutert wird.

In diesem allgemeinen Sinne verstehen die Tarifvertragsparteien unter Verantwortung auch im Rahmen des zur Beurteilung stehenden Tarifmerkmals die Verpflichtung des Angestellten, dafür einstehen zu müssen, dass in dem ihm übertragenen Dienst- oder Arbeitsbereich die dort – auch von anderen Bediensteten – zu erledigenden Aufgaben **sachgerecht, pünktlich** und **vorschriftsgemäß** ausgeführt werden.

Hingegen ist bei dem Begriff der Verantwortung nicht auf die jeweilige zivilrechtliche oder strafrechtliche Verantwortlichkeit abzustellen, auch nicht auf die sogenannte „politische Verantwortung".

(vgl. BAG 29.01.1986, 3 AZR 465/84, AP Nr. 115; BAG 19.03.1986, 4 AZR 642/84, AP Nr. 116 beide zu §§ 22, 23 BAT 1975)

Auf Basis dieser Grunddefinition fordern die Tarifvertragsparteien beim Maß der Verantwortung – aufbauend auf den Tätigkeitsmerkmalen der Entgeltgruppe 11 – als weitere Qualifizierung eine besonders weitreichende, hohe Verantwortung des Beschäftigten.

§

BAG vom 07.05.2008

Die Erfüllung der Vergütungsgruppe III Fallgruppe 1a (*im TVöD-Bund: Entgeltgruppe 12*) setzt eine nochmals erhebliche Heraushebung aus der Vergütungsgruppe IVa Fallgruppe 1b (*im TVöD-Bund: Entgeltgruppe 11*) durch das Maß der mit der Tätigkeit verbundenen Verantwortung voraus. Dafür ist eine besonders weitreichende, hohe Verantwortung zu fordern. Dieses Maß der Verantwortung kann nur in einer Spitzenposition des gehobenen Angestelltendienstes erreicht werden, z. B.

- durch Angestellte, die große Arbeitsbereiche bei Verantwortung für mehrere Arbeitsgruppen mit qualifizierten Gruppenleitern leiten, oder
- durch Angestellte, die besonders schwierige Grundsatzfragen mit richtungweisender Bedeutung für nachgeordnete Bereiche oder die Allgemeinheit bearbeiten.

(BAG 07.05.2008, 4 AZR 303/07, AP Nr. 37 zu §§ 22, 23 BAT-O; *Ergänzungen durch die Verfasser*)

In der Rechtsprechung des BAG wurde zudem in Bezug auf die o. g. Frage der **Spitzenstellung** regelmäßig geprüft, in welcher Fachhierarchieebene sich der Arbeitnehmer befindet. Dabei hat das BAG den allgemeinen Rechtssatz entwickelt, dass das herausgehobene Maß der Verantwortung im Sinne einer Spitzenposition nicht mehr vorliegt, wenn sich der Arbeitnehmer in der dritten Fachhierarchieebene befindet. In dieser fachlichen Ebene zweifelt das BAG grundsätzlich an, dass der Arbeitnehmer fachliche Grundsatzfragen richtungsweisender Bedeutung im o. g. Sinne zu bearbeiten hat.

Auch das Vorliegen großer Arbeitsbereiche wird regelmäßig zu verneinen sein (vgl. z. B. BAG 12.06.1996, 4 AZR 94/95, AP Nr. 33 zu §§ 22, 23 BAT – Sozialarbeiter m. w. N.).

Beispiele:

1. Rechtsprechungsbeispiel: Gruppenleiter in einer Großstadt

Dem Gruppenleiter obliegen – ohne nachgeordnete Organisationseinheiten – die Arbeitsbereiche

a) Leitung eines Jugendhauses

b) Schutzstellen

c) Jugendnotdienst

d) „Betreutes Wohnen"

Das Maß der Verantwortung ist nicht gegeben, da sich der Gruppenleiter in der dritten Fachhierarchieebene befindet:

1. Fachhierarchieebene: Amtsleiter des Jugendamts
2. Fachhierarchieebene: Abteilungsleiter „Verbundsystem Krisenhilfe"

(vgl. BAG 12.06.1996, 4 AZR 94/95, AP Nr. 33 zu §§ 22, 23 BAT 1975 – Sozialarbeit)

2. Rechtsprechungsbeispiel:

6

Das erhebliche Maß der Verantwortung ist bei einer *Sachbearbeiterin und Koordinatorin für Haushalt und Verwaltung des Amtes 66 (städtische Verkehrsanlagen)* nicht gegeben.

1. Zunächst sind keine größeren Arbeitsbereiche mit qualifizierten Gruppenleitern zu leiten: Als Sachbearbeiterin und Koordinatorin (faktisch Sachgebietsleiterin) hat die Mitarbeiterin Führungsfunktion gegenüber zehn bis zwölf Mitarbeitern auszuüben. Soweit in der Rechtsprechung von einem „großen Arbeitsbereich" die Rede ist, waren das Sachverhalte mit 30 oder mehr untergebenen Mitarbeitern. In diesem Sinne kann das Sachgebiet mit den zehn bis zwölf Untergebenen nicht als großer Arbeitsbereich angesehen werden. Zudem fehlt es an dem weiteren Merkmal der qualifizierten Gruppenleiter. Alle unterstellten Mitarbeiter arbeiten als unmittelbar nachgeordnete Beschäftigte. Der Sachbearbeiterin/Koordinatorin unterstehen damit also

keine Gruppenleiter mit eigener Personalverantwortung für ihnen unterstellte Beschäftigte.

2. Es sind auch keine besonders schwierigen Grundsatzfragen zu lösen:

2.1 Soweit die Sachbearbeiterin/Koordinatorin für den Haushalt Ausgaben und Einnahmen im Amtsbereich verwaltet, kommt dieser Tätigkeit ebenfalls nicht das erforderliche Maß der herausgehobenen Verantwortung zu. Denn es handelt sich im Kern um buchhalterische Aufgaben, die nach strengen Regeln abzuarbeiten sind und damit kaum Spielraum für eigene Entscheidungen lassen. Schwierige Grundsatzfragen stellen sich dabei nicht.

2.2 Ähnliches gilt für den Entwurf der zukünftigen Haushaltspläne. Im Kern geht es hier um die Fortschreibung des laufenden Haushaltsplans und die Berechnung der unvermeidbaren Ausgaben. Eigene Gestaltungsmöglichkeiten bestehen also allenfalls, soweit es um die Einwerbung von Geldern für Investitionsmaßnahmen geht. Dabei muss aber beachtet werden, dass dieser Aspekt schon eine kommunalpolitische Komponente hat, was bedeutet, dass in diesen Fragen – je nach Bedeutung der Angelegenheit – sowohl der Amtsleiter als auch der Oberbürgermeister und die Senatoren mitentscheiden (wollen). Die Aufgabe der Sachbearbeiterin/Koordinatorin beschränkt sich hier also auf die Lieferung einer soliden Datenbasis, auf der man die notwendigen Entscheidungen treffen kann.

2.3 Auch die Anlagenbewirtschaftung ist keine besonders schwierige Grundsatzfrage: Das Sachgebiet Haushalt hat innerhalb des Amtes 66 nach wie vor eine dienende Funktion, die Verantwortung für den Betrieb und für die Sicherheit und Funktionstüchtigkeit der im Amt verwalteten (Verkehrs-)Anlagen liegt nach wie vor bei den Fachleuten des Amtes. Die Sachbearbeiterin/Koordinatorin hat lediglich dafür Sorge zu tragen, dass dabei die neuen Regeln der ordnungsgemäßen Anlagenbewirtschaftung auch eingehalten werden. Dies gilt auch für den von der Sachbearbeiterin/Koordinatorin immer wieder hervorgehobenen Beurteilungsspielraum. Es ist sicherlich ihre Aufgabe, bei den Fachleuten des Amtes das Bewusstsein für diesen Beurteilungsspielraum zu wecken. Das Gericht kann aber nicht erkennen, dass sie die Kompetenz hat, mit Wirkung für und gegen die einzelnen Abteilungen des Amtes damit zusammenhängende Fragen alleine oder auch nur maßgeblich zu entscheiden.

(vgl. LAG M-V 13.06.2017, 2 Sa 76/16 m. w. N. auf die Rechtsprechung des BAG; zit. nach WKRS 2017, 51747)

6

Teil I: Die Entgeltgruppen 13 bis 15

7

1. Die Entgeltgruppe 13

Neben der abgeschlossenen wissenschaftlichen Hochschulbildung (siehe Ausführungen unter Kapitel 5.3) fordert die Entgeltgruppe 13 eine entsprechende Tätigkeit:

§

Entgeltgruppe 13

1. **Beschäftigte mit abgeschlossener wissenschaftlicher Hochschulbildung und entsprechender Tätigkeit sowie sonstige Beschäftigte, die aufgrund gleichwertiger Fähigkeiten und ihrer Erfahrungen entsprechende Tätigkeiten ausüben.**

Begriffsklärung

Eine entsprechende Tätigkeit liegt nur vor, wenn die auszuübende Tätigkeit einen sogenannten „akademischen Zuschnitt" aufweist, das heißt die Fähigkeiten erfordert, wie ein einschlägig ausgebildeter Akademiker auf dem entsprechenden Fachgebiet Zusammenhänge zu überschauen und selbständig Ergebnisse zu entwickeln (BAG 15.03.2006, 4 AZR 157/05; BAG 14.09.2016, 4 AZR 964/13, AP Nr. 46 zu §§ 22, 23 BAT-O, ZTR 2017, S. 221 ff.; vgl. auch LAG BW 10.04.2018, 19 Sa 57/17, ZTR 2018, S. 582 ff.; BAG 18.04.2012, 4 AZR 441/10, AP Nr. 323 zu §§ 22, 23 BAT 1975).

Zur Aufgabenlösung muss ein Fachkönnen notwendig sein, das der Stelleninhaber bei seinem speziellen einschlägigen Hochschulstudium erworben hat (BAG 18.04.2012, 4 AZR 441/10, AP Nr. 323 zu §§ 22, 23 BAT 1975). Darüber hinaus ist es nicht erforderlich, dass der Stelleninhaber wissenschaftliche Arbeitsweisen und -methoden anwenden muss (BAG 18.05.1977, 4 AZR 18/76, AP Nr. 97 zu §§ 22, 23 BAT).

7

Das Vorliegen entsprechender Tätigkeiten ist anhand der erforderlichen Berufsbilder (Ausbildungs- und Prüfungsanforderungen) zu prüfen (vgl. z. B. BAG 05.11.2003, 4 AZR 632/02; BAG 28.09.1994, 4 AZR 830/93, AP Nr. 192 zu §§ 22, 23 BAT 1975). Vergleichsgrundlagen sind die im Anspruchszeitraum maßgeblichen Studieninhalte. Sie geben die Normaltätigkeit eines einschlägig Ausgebildeten wieder (vgl. BAG 14.09.2016, 4 AZR 964/13, AP Nr. 46 zu §§ 22, 23 BAT-O; BAG 18.11.2015, 4 AZR 605/13, AP Nr. 335 zu §§ 22, 23 BAT 1975).

Dabei steht der Anerkennung des akademischen Zuschnitts nicht entgegen, dass ein Arbeitnehmer – wie heute üblich – nur auf einem Teilgebiet seines akademischen Fachs eingesetzt wird, wenn dadurch lediglich der allgemeinen Entwicklung zur Spezialisierung Rechnung getragen werden soll und die auszuübende Tätigkeit ansonsten den o. g. Anforderungen gerecht wird (BAG 25.10.1978, 4 AZR 177/77, AP Nr. 60 zu §§ 22, 23 BAT).

Tätigkeiten eines Beschäftigten mit abgeschlossener wissenschaftlicher Hochschulbildung sind dementsprechend gekennzeichnet durch den Einsatz von Konzeptions- und Planungskompetenzen, um Problemstellungen aus der Praxis des jeweiligen Fachgebiets auf wissenschaftlicher Grundlage zu analysieren und Lösungsstrategien zu erarbeiten. Der Arbeitnehmer mit wissenschaftlicher Hochschulbildung ist damit in der Lage, Zusammenhänge (seines akademischen Fachgebiets) zu überblicken und daraus entsprechende Erkenntnisse zu entwickeln (vgl. ständige Rechtsprechung des BAG, z. B. 21.06.2000, 4 AZR 389/99, ZTR 2001, S. 125 ff.).

Beispiele aus der Rechtsprechung

Beispiel 1:

Der Arbeitsvorgang „Erstellung von Konzepten zur Implementierung der Medienbildung in den Schulen" als **Medienpädagogischer Referent** im Bildungsministerium füllt 90 % der Arbeitszeit aus und ist damit für die Eingruppierung ausschlaggebend.

Der Mitarbeiter verfügt über eine abgeschlossene wissenschaftliche Hochschulbildung. Die Tätigkeiten des o.g. Arbeitsvorgangs entsprechen zudem einer wissenschaftlichen Hochschulbildung.

Einschlägig für die Aufgaben ist die Ausbildung für das Lehramt an Gymnasien oder beruflichen Schulen bzw. eine vergleichbare pädagogische Qualifikation (vgl. Stellenausschreibung vom 13.11.2012). Das Studium für ein Lehramt umfasst neben der Ausbildung in den jeweiligen Fächern einen bildungswissenschaftlichen Teil (§ 6 des Gesetzes über die Lehrerbildung in M-V). In den Bildungswissenschaften sind u. a. medienpädagogische Gesichtspunkte einschließlich des Datenschutzes zu berücksichtigen (§ 5 Abs. 6 Satz 2 LehbildG M-V). Der Lehrer muss unabhängig von seinem Lehramt und seiner Fächerkombination die Konzepte der Medienpädagogik und -psychologie und die Möglichkeiten und Grenzen eines anforderungs- und situationsgerechten Einsatzes von Medien im Unterricht kennen (§ 29 der Verordnung über die Erste Staatsprüfung für Lehrämter an allgemeinbildenden und beruflichen Schulen im Lande M-V – LehPrVO M-V, Kapitel 6 Fachanhänge, Kompetenzbereich: Unterrichten, Kompetenz 1, 4. Spiegelstrich).

Der Mitarbeiter benötigt solche Kenntnisse, um seiner Aufgabe nachkommen zu können. Darüber hinaus sind verschiedene weitere Kenntnisse aus dem Lehramtsstudium erforderlich, z. B. zu den Lerntheorien und den Formen des Lernens, zur Leistungsmotivation, zu den pädagogischen, soziologischen und psychologischen Theorien der Entwicklung und der Sozialisation von Kindern und Jugendlichen etc.

(vgl. LAG M-V 07.12.2017, 5 Sa 64/17; zit. nach WKRS 2017, 48130)

Beispiel 2:

Dem Mitarbeiter waren als ausgebildetem Dipl.-Soziologen folgende Tätigkeiten übertragen: **Leitung** der Referategruppe „Gesundheitsschutz" und Leitung des Referats „Reproduktions- und Transplantationsmedizin" innerhalb der o. g. Referategruppe (vgl. BAG 26.01.2005, 4 AZR 6/04, AP Nr. 302 zu §§ 22, 23 BAT 1975).

Beispiel 3:

Als **Diplom-Biologen** oblag dem Mitarbeiter die Erstellung kriminaltechnischer Gutachten mittels DNA-Analytik (vgl. BAG 11.02.2004, 4 AZR 684/02, AP Nr. 24 zu §§ 22, 23 BAT-O).

In allen drei Beispielen wurden die entsprechenden Tätigkeiten anerkannt, da die Stelleninhaber über den jeweils einschlägigen Hochschulabschluss im Vergleich zur auszuübenden Tätigkeit verfügten und sich die übertragenen Aufgaben sowie das dazu erforderliche Wissen und Können den Ausbildungs- und Prüfungsanforderungen zuordnen ließen.

2. Die besondere Schwierigkeit und Bedeutung im Sinne der Entgeltgruppe 14

Der Begriff der besonderen Schwierigkeit und Bedeutung wurde bereits unter Kapitel 6.4 näher erläutert.

Gleiches gilt für die Entgeltgruppe 14. Hier geht die Rechtsprechung davon aus, dass wenn in dem einschlägigen Tätigkeitsmerkmal – wie in Entgeltgruppe 13 die abgeschlossene wissenschaftliche Hochschulbildung – eine einem bestimmten Beruf entsprechende Tätigkeit („Normaltätigkeit") gefordert wird, die Ausbildungsinhalte dieses Berufs während des streitigen Anspruchszeitraums für die Prüfung maßgebend sind. Die erhöhte Qualifizierung im Sinne der Entgeltgruppe 14 muss sich dann durch einen entsprechenden Vergleich zur „Normaltätigkeit" im Sinne des aktuellen Berufs/Berufsbilds gemäß Ausbildungs- und Prüfungsanforderungen ergeben (vgl. BAG 11.02.2004, 4 AZR 684/02, AP Nr. 24 zu §§ 22, 23 BAT-O m. w. N.; BAG 18.11.2015, 4 AZR 605/13, AP Nr. 335 zu §§ 22, 23 BAT 1975; BAG 14.09.2015, 4 AZR 964/13, AP Nr. 46 zu §§ 22, 23 BAT-O).

In diesen Fällen wurde die besondere Schwierigkeit und Bedeutung im Sinne der Entgeltgruppe 14 anerkannt:

Beispiel 1:

Abteilungsleiter im Tiefbauamt einer Großstadt

Die Abteilung ist zuständig für:

- projektbezogene Angelegenheiten der Eisenbahnen und U-Bahnen, soweit Belange der Baubehörde berührt werden
- grundsätzliche Anliegen des nichtschienengebundenen öffentlichen Nahverkehrs, soweit Belange des Tiefbauamts berührt werden
- die Ermittlung überörtlicher Leitungstrassen für Eisen- und U-Bahnen

Dies alles gilt mit Ausnahme der Aufgaben des Schnellbahnneubaus und der technischen Aufsicht über U-Bahnen. Dem Abteilungsleiter obliegen:

1. Führungsaufgaben zu 20 Prozent der Gesamtarbeitszeit
2. Fachaufgaben zu 80 Prozent der Gesamtarbeitszeit, hier die Wahrnehmung der Aufgaben als Träger der Straßenbaulast mit diesen Einzeltätigkeiten
   - Aufstellung und Abschluss von Vereinbarungen mit den Verkehrsunternehmen bei der Änderung vorhandener oder der Herstellung neuer Eisenbahnkreuzungen im Rahmen einzelner Bauvorhaben. Hier kann der Abteilungsleiter nach innerbetrieblicher Abstimmung selbständig entscheiden. Das Baurechtsamt überprüft insoweit die rechtlichen Aspekte.
   - Auslegung und eigenverantwortliche Verhandlung mit den Verkehrsunternehmen über Maßnahmen an vorhandenen Eisenbahnkreuzungen aufgrund bestehender Verträge. Hier wirkt der Abteilungsleiter an der Erarbeitung und dem Abschluss von öffentlich-rechtlichen Verträgen lediglich mit.

(vgl. BAG 24.06.1998, 4 AZR 304/97, AP Nr. 241 zu §§ 22, 23 BAT 1975)

7

Beispiel 2:

Juristischer Mitarbeiter

Dem Mitarbeiter in einer Kreisverwaltung (zur vergleichbaren Rechtslage im TVöD-VKA) oblag die Beratung und Unterstützung der Fach- und politischen Ebenen eines Landkreises in juristischen Fragen der Rechnungs- und Gemeindeprüfung, des Bereichs Bau- und Liegenschaften, der Finanzverwaltung, der offenen Vermögensfragen und der Zentralen Dienste, hier vor allem auf den Gebieten des Arbeits- und Beamtenrechts.

Die **besondere Schwierigkeit** ergibt sich vor allem aus zwei Aspekten: Zum einen aus der Breite und Tiefe des erforderlichen juristischen Wissens. So benötigt der Mitarbeiter Kenntnisse auf den Gebieten:

- Arbeitsrecht
- Beamtenrecht (einschließlich Disziplinarrecht)

- kommunales Haushaltsrecht bezüglich der eigenen Haushaltsführung und der der kreisangehörigen Gemeinden
- offene Vermögensfragen (öffentlich-rechtliche und privatrechtliche Aspekte)

Im Vergleich zu den Ausbildungs- und Prüfungsanforderungen wird deutlich, dass Fragen des Beamtenrechts und des kommunalen Haushaltsrechts allenfalls in Grundzügen Studieninhalt sind, während offene Vermögensfragen nicht zur juristischen Ausbildung zählen. Der Mitarbeiter musste somit über juristische Kenntnisse verfügen, die über den regulären Studieninhalt hinausgehen. Zum anderen war er bei der Lösung dieser Fragen auf sich allein gestellt. Aufgrund der Organisationsstruktur des Kreises gibt es weder einen ebenfalls juristisch ausgebildeten Vorgesetzten, der die Arbeit entsprechend dem Können und der Berufserfahrung einteilt und zudem einen Teil der Verantwortung für die Tätigkeit trägt, noch gibt es verbindliche Mechanismen der gegenseitigen Hilfe und Kontrolle der anderen Juristen der Kreisverwaltung untereinander. Beides, die Breite des geforderten Fachwissens und die fehlende Einbindung in eine Ämterstruktur mit mehreren juristischen Fachleuten, führen zur Anerkennung der besonderen Schwierigkeit.

Die **Bedeutung** im tariflichen Sinne ergibt sich aus der besonderen Stellung, die dem Mitarbeiter eingeräumt wurde, um den Anforderungen aus § 115 Abs. 8 Kommunalverfassung MV zu genügen. Nach dieser Vorschrift muss der Landrat oder ein ihm unmittelbar nachgeordneter leitender Mitarbeiter des Landkreises die Befähigung zum höheren allgemeinen Verwaltungsdienst (in der heutigen Fassung des Gesetzes: zum Richteramt) besitzen. Mit dieser Anforderung will der Gesetzgeber offensichtlich sicherstellen, dass der Landkreis ordentlich und auf gesetzlicher Grundlage geführt wird und dass auch die Einwohner des Landkreises nach Recht und Gesetz entsprechend behandelt werden. Der Anforderung kommt daher eine überragende Bedeutung zu.

Seinerzeit verfügten weder der Landrat noch seine beiden Beigeordneten über die notwendige Laufbahnbefähigung. Um die Wahl des Landrats und der Beigeordneten dennoch rechtlich unangreifbar zu machen, wurde daher der juristische Mitarbeiter, der diese Befähigung hatte, vermittelt durch die

Position des Leiters der zentralen Steuerungsunterstützung zu einer außerordentlichen Führungskraft gemacht und in den Verwaltungsrat und den Kreisausschuss eingebunden. Der Mitarbeiter sollte – wie normalerweise der Landrat oder jedenfalls einer der Beigeordneten – den für die Führung der Verwaltung eines Landkreises notwendigen professionellen Fachverstand mit einbringen. Auf ihm allein lastete seinerzeit die besondere Verantwortung, die der Gesetzgeber mit dem Erfordernis der Befähigung zum höheren Verwaltungsdienst verbunden hat, nämlich das Einstehen für die Rechtmäßigkeit des Verwaltungshandelns. Diese Funktion geht weit über eine normale juristische Beratungstätigkeit hinaus, denn der Mitarbeiter muss nicht nur auf an ihn herangetragene Problemstellungen reagieren, sondern er hat die Verantwortung für die Rechtmäßigkeit des Verwaltungshandelns und musste daher ggf. auch ungefragt intervenieren, wenn er den Eindruck hatte, dass in der Verwaltungsspitze Pläne erwogen werden, die sich rechtlich nicht verwirklichen lassen. Die Bedeutung dieser ungewöhnlichen Rolle innerhalb der seinerzeitigen Führungsmannschaft des Landkreises kann eigentlich gar nicht hoch genug eingeschätzt werden. Die seinerzeitige Tätigkeit des Mitarbeiters mag vielleicht keine oder jedenfalls nur wenige sichtbare Auswirkungen gehabt haben. Das liegt aber an dem Gegenstand seiner dortigen Tätigkeit, denn im Verhältnis zu den durch ihre Wahl mit besonderer Macht und Einfluss ausgestatteten übrigen Mitgliedern der Führungsebene hatte der Mitarbeiter vor allem die Rolle des Mahners, des Bedenkenträgers und des Bremsers einzunehmen, um auf diese Weise die Rechtmäßigkeit des Verwaltungshandelns abzusichern.

7

Dass die Bedeutung dieser besonderen Form der beratenden Tätigkeit des Mitarbeiters weit über die Bedeutung einer sachbearbeitenden juristischen Tätigkeit in den ersten Berufsjahren hinausgeht, braucht wohl nicht weiter ausgeführt zu werden (vgl. LAG M-V 26.10.2010, 5 Sa 134/09, zit. nach WKRS 2010, 35326).

3. Hochwertige Leistungen bei besonders schwierigen Aufgaben im Sinne der Entgeltgruppe 14

Diese Merkmalskombination kennt der TV EntgO Bund nur noch einmal in Entgeltgruppe 14:

Entgeltgruppe 14

3. **Beschäftigte der Entgeltgruppe 13, deren Tätigkeit sich dadurch aus der Entgeltgruppe 13 heraushebt, dass sie mindestens zu einem Drittel hochwertige Leistungen bei besonders schwierigen Aufgaben erfordert.**

Die Merkmalskombination der Entgeltgruppe 14 Fallgruppe 3 TV EntgO Bund hat in der Eingruppierungspraxis faktisch keine Bedeutung erlangt. Dementsprechend finden sich kaum nähere Ausführungen in Rechtsprechung und Literatur.

Hochwertige Leistungen setzen eine besondere Aufgabenstellung voraus. Die Erfüllung dieser Aufgabenstellung muss ein besonderes Gewicht für die Dienststelle haben, so dass sich daraus eine herausragende Bedeutung im Hinblick auf das Ergebnis und die damit verbundene Verantwortung ergibt. Dementsprechend sind hochwertige Leistungen nur dann anzunehmen, wenn über das eigentliche Fachgebiet hinaus umfassende organisatorische Aufgaben oder leitende Funktionen in einem größeren Arbeitsbereich auszuüben sind (vgl. Reidelbach/Wieland/Fattler, Kap 1, Rn. 264). Besonders schwierige Aufgaben erfordern erheblich über dem Durchschnitt liegende fachliche Anforderungen (vgl. Reidelbach/Wieland/Fattler, Kap 1, Rn. 275).

4. Das Maß an Verantwortung im Sinne der Entgeltgruppe 15

Die generellen Anforderungen an das Maß an Verantwortung wurden bereits unter Kapitel 6.5 näher erläutert.

Im folgenden Fall wurde das erhebliche Maß an Verantwortung im Sinne der Entgeltgruppe 15 nicht anerkannt:

Praxis-Beispiel 1:

Fortführung des 2. Beispiels von Kapitel 7.1

Tätigkeiten der Referatsleitung auf den Gebieten „Gesundheitsschutz" und „Reproduktions- und Transplantationsmedizin"

Die Leitung der aus ursprünglich sechs und später fünf Referaten bestehenden Referategruppe „Gesundheitsschutz" als solche hebt sich nicht durch das Maß der damit verbundenen Verantwortung erheblich aus der VG Ib Fallgruppe 1a heraus. Wenn das Merkmal der Verantwortung bereits begrifflich das Einstehenmüssen für die Tätigkeit von anderen Bediensteten umfasst (Senat 24.06.1998 – 4 AZR 304/97 – AP BAT 1975 § 22 Nr. 241 [I 3.2.1 der Gründe]), bedarf es für die Erfüllung des Tatbestandsmerkmals der „erheblichen Heraushebung durch das Maß der Verantwortung" **einer über die normale Vorgesetztenstellung deutlich hinausgehenden Stellung**. Dabei muss es sich – auch nach Einführung der VG I – um eine Spitzenstellung des höheren Dienstes mit großem Arbeitsbereich, vorwiegend in der Leitung **großer Organisationseinheiten oder** mit der **Entscheidungskompetenz über Grundsatzfragen allgemeiner und richtungsweisender Bedeutung** handeln.

(BAG 26.01.2005, 4 AZR 6/04, AP Nr. 302 zu §§ 22, 23 BAT 1975 m. w. N.; *Hervorhebungen durch die Verfasser*)

Hingegen war dieses Arbeitsfeld ausreichend für die Anerkennung des erheblichen Maßes an Verantwortung im Sinne der Entgeltgruppe 15:

Praxis-Beispiel 2:

Abteilungsleiter Hochbaubezirk Süd im staatlichen Hochbau- und Vermögensamt

Der Abteilungsleiter befand sich in der 2. Fachhierarchieebene unter dem Amtsleiter. Ihm waren drei Mitarbeiter des höheren Dienstes, 14 Mitarbeiter des gehobenen Dienstes und zwei Verwaltungsmitarbeiter unterstellt. Hinzu kam die Steuerung neun freier Mitarbeiter (vergleichbar dem höheren Dienst). Die Aufgaben der Abteilungsleitung umfassten im Wesentlichen:

- Planung und Durchführung sämtlicher Baumaßnahmen im Bezirk, insbesondere durch Entwicklung und Überwachung in Form von Rahmenvorgaben, Zielvorgaben für Einzelbauprojekte der Honorarzone IV Honorarordnung für Architekten und Ingenieure (überdurchschnittliche Planungsanforderungen)
- Vergabe von Baumaßnahmen bis zu 1,25 Mio. Euro
- Bauherrenvertreter
- Führung der unterstellten Mitarbeiter und Steuerung der freien Mitarbeiter

Im Rahmen dieser Aufgaben war die Abteilungsleitung gemäß Geschäftsverteilungsplan verantwortlich für die Wirtschaftlichkeit, Angemessenheit, Fachgerechtigkeit, aber auch für die gestalterische und technische Qualität der Aufgabenerledigung bei Baumaßnahmen.

Das erhebliche Maß an Verantwortung wurde damit begründet, dass die Abteilungsleitung einen personell großen Arbeitsbereich im Vergleich zu den anderen Abteilungen des Arbeitgebers zu führen hatte, zu dem neben der Führung der unterstellten Mitarbeiter hinaus auch die Steuerung der freien Mitarbeiter gehörte.

Darüber hinaus ergab sich die herausgehobene Verantwortung aus der behördeninternen Verantwortung mit entsprechender Haftung im Rahmen der Bauherrenvertretung, der Befugnis zu Vergabeentscheidungen und damit aus der Sicherstellung einer behördenangemessenen Unterbringung im zugewiesenen Landesteil/Bezirk (vgl. LAG BW 30.01.2003, 22 Sa 29/02, zit. nach WKRS 2003, 26219).

5. Eingruppierung nach der Zahl der Unterstellten

Neben den o. g. Heraushebungsmerkmalen eröffnet sich in den Entgeltgruppen 14 und 15 auch eine Eingruppierung über die Zahl der unterstellten Mitarbeiter:

Entgeltgruppe 14

4. **Beschäftigte der Entgeltgruppe 13, denen mindestens drei Beschäftigte mindestens der Entgeltgruppe 13 durch ausdrückliche Anordnung ständig unterstellt sind.**

(Hierzu Protokollerklärung Nr. 1)

Entgeltgruppe 15

2. **Beschäftigte der Entgeltgruppe 13, denen mindestens fünf Beschäftigte mindestens der Entgeltgruppe 13 durch ausdrückliche Anordnung ständig unterstellt sind.**

(Hierzu Protokollerklärung Nr. 1)

Die Tätigkeitsmerkmale eröffnen somit die Eingruppierung über Leitungsfunktionen. Zunächst muss die Leitungstätigkeit selbst das Niveau einer abgeschlossenen wissenschaftlichen Hochschulbildung erfüllen, was der jeweils erste Halbsatz verdeutlicht.

Beschäftigte mit abgeschlossener wissenschaftlicher Hochschulbildung und entsprechender Tätigkeit

Ist diese Anforderung erfüllt, gilt es diese Anforderungen an die Leitungsfunktion gemäß Protokollerklärung Nr. 1 zu prüfen:

Nr. 1

Bei der Zahl der Unterstellten zählen nicht mit:

a) Beschäftigte, die nach Teil III Abschnitt 17, 24 oder 25 eingruppiert sind

b) Beamtinnen und Beamte der Besoldungsgruppe A 13, soweit sie der Laufbahn des gehobenen Dienstes angehören.

Daraus folgt ein Dreiklang:

1. ständige Unterstellung
2. durch ausdrückliche Anordnung
3. von drei bzw. fünf Beschäftigten mindestens der Entgeltgruppe 13; dabei steht die Entgeltgruppe 13 zur Klarstellung, dass es sich um Tätigkeiten auf dem Niveau einer abgeschlossenen wissenschaftlichen Hochschulbildung handeln muss.

Ständige Unterstellung

Unterstellung bedeutet, dass dem Leiter gegenüber den unterstellten Mitarbeitern eine Weisungs- und Aufsichtsbefugnis zusteht. Bei der Aufsichtsbefugnis kann es sich um Fach-, Rechts- oder bloße Dienstaufsicht handeln (vgl. BAG 12.03.2008, 4 AZR 67/07, AP Nr. 36 zu §§ 22, 23 BAT-O). Darüber hinaus muss aber auch eine dienstlich-organisatorische Weisungsbefugnis vorliegen. Diese erfordert grundsätzlich die Beschäftigung von vorgesetztem und unterstelltem Arbeitnehmer in derselben Organisationseinheit (vgl. BAG 22.03.2000, 4 AZR 118/99, AP Nr. 278 zu §§ 22, 23 BAT 1975 m. w. N.).

So wird ein Mitarbeiter, dem wiederum andere Mitarbeiter zugeordnet sind, regelmäßig auch als Leiter dieser Organisationseinheit bezeichnet. Leitung bedeutet dabei im Sinne der Verwaltungssprache die Verbindung von Aufgaben der Planung, Organisation, Anweisung, Koordination und Kontrolle, das heißt die organisatorische Gesamtzuständigkeit für die übertragene Aufgabe (vgl. BAG 16.05.2019, 6 AZR 93/18, AP Nr. 97 zu § 611 BGB Kirchendienst m. w. N.). So setzt auch die „ständige Unterstellung" voraus, dass die zugeordneten Mitarbeiter dem Leiter unmittelbar zugeordnet sind. Eine mittelbare Unterstellung im Rahmen der Behördenhierarchie reicht nicht aus (vgl. BAG 26.01.2005, 4 AZR 6/04, AP Nr. 302 zu §§ 22, 23 BAT 1975).

Das Wort „ständig" verdeutlicht, dass die Weisungs- und Aufsichtsrechte auf Dauer bestehen und nicht nur für einen vorübergehenden Zeitraum (vgl. BAG 11.11.1987, 4 AZR 336/87, AP Nr. 140 zu §§ 22, 23 BAT 1975 m. w. N.). In diesem Sinne ist eine ständige Unterstellung anzunehmen, wenn die Unterstellung auf eine gewisse, nicht unerhebliche Zeit erfolgt. Eine nicht unerhebliche Zeit ist zumindest gegeben, wenn sie ein Jahr andauert. Ob der Arbeitsvertrag der/des unterstellten Angestellten befristet ist, ist dabei unerheblich (vgl. BAG 20.02.1991, 4 AZR 408/90, AP Nr. 16 zu § 24 BAT).

Zum anderen bedeutet ständig, dass der Beschäftigte seine o. g. Aufsichts- und Weisungsrechte gegenüber den Unterstellten dauerhaft und fortwährend ausübt. Der Beschäftigte muss also jederzeit – während der gesamten Arbeitszeit – in der Lage sein, durch Erteilung entsprechender Anordnungen seine Aufsichts- und Weisungsrechte aktiv wahrzunehmen, selbst wenn er gerade mit anderen (eigenen Fach-)Aufgaben beschäftigt ist. Auf den Zeitanteil für den tatsächlichen Aufwand für diese Führungsaufgaben kommt es damit nicht an. Führungsaufgaben und Fachaufgaben bilden eine untrennbare Arbeitseinheit = Arbeitsvorgang (vgl. BAG 22.06.2022, 4 AZR 440/21, AP Nr. 15; BAG 16.08.2023, 4 AZR 339/22, AP Nr. 19 beide zu § 12 TVöD m. w. N. auf die Rechtsprechung des BAG).

Ausdrückliche Anordnung

Das Merkmal „ausdrückliche Anordnung" fordert, dass die Übertragung durch das zuständige Organ des jeweiligen öffentlichen Arbeitgebers getroffen worden ist (vgl. BAG 12.03.2008, 4 AZR 67/07, AP Nr. 36 zu §§ 22, 23 BAT-O).

Es handelt sich um eine den Inhalt des Arbeitsvertrags betreffende Willenserklärung. Diese muss demnach vom zuständigen Organ des Arbeitgebers ausgesprochen und dem Angestellten zugegangen sein (vgl. BAG 12.03.2008, 4 AZR 67/07, AP Nr. 36 zu §§ 22, 23 BAT-O).

Das zuständige Organ kann die ausdrückliche Anordnung durch eine entsprechende schriftliche oder mündliche Erklärung, aber auch durch Dienstanweisungen, Verwaltungsverfügungen und Geschäftsverteilungspläne vornehmen, die dem Beschäftigten zugehen. Konkludentes Verhalten des öffentlichen Arbeitgebers oder die lediglich faktische Herstellung entsprechender Organisationsformen in der Verwaltung sind nicht ausreichend, auch nicht die Benachrichtigung lediglich der unterstellten Beschäftigten (vgl. BAG 12.03.2008, 4 AZR 67/07, AP Nr. 36 zu §§ 22, 23 BAT-O).

Zahl der Unterstellten

Gemäß § 5 TV EntgO Bund sind neben der Protokollerklärung Nr. 1 der Anlage 1 folgende Regeln bei der Ermittlung der Anzahl zu beachten:

§ 5 Unterstellungsverhältnisse

[1]Soweit die Eingruppierung von der Zahl der unterstellten Beschäftigten abhängig ist, rechnen hierzu auch Beamtinnen und Beamte sowie Soldatinnen und Soldaten der vergleichbaren Besoldungsgruppen. [2]Für diesen Zweck ist vergleichbar:

der Entgeltgruppe	die Besoldungsgruppe
2	A 2
3	A 3
4	A 4
5	A 5
6	A 6
7	A 7
8	A 8
9a, 9b, 9c	A 9
10	A 10
11	A 11
12	A 12
13	A 13
14	A 14
15	A 15

[3]Bei der Zahl der unterstellten bzw. beaufsichtigten oder der in dem betreffenden Bereich beschäftigten Personen zählen Teilzeitbeschäftigte entsprechend dem Verhältnis der mit ihnen im Arbeitsvertrag vereinbarten Arbeitszeit zur regelmäßigen Arbeitszeit einer/eines Vollzeitbeschäftigten. [4]Für die Eingruppierung ist es unschädlich, wenn im Organisations- und Stellenplan zur Besetzung ausgewiesene Stellen nicht besetzt sind.

7

Nach Satz 4 ist es für die Eingruppierung unschädlich, wenn im Organisations- und Stellenplan ausgewiesene Stellen nicht besetzt sind. Auf die tatsächliche Stellenbesetzung kommt es also nicht an. Für den umgekehrten Fall, in dem einer Leitungskraft (hier in der Pflege) tatsächlich mehr Beschäftigte fachlich unterstellt sind als im Stellenplan vorgesehen, trifft der Tarifvertrag keine Regelung. Eine Begrenzung der zu berücksichtigenden unterstellten Beschäftigten auf die ausgewiesenen Stellen besteht daher nicht. Die gegenteilige Auffassung wäre mit Sinn und Zweck der Tarifbestimmung, quantitativ größere Anforderungen an die Leitungsfunktion auch höher zu vergüten, nicht vereinbar.

(BAG 24.02.2021, 4 AZR 309/20, AP Nr. 9 zu § 12 TVöD m. w. N.)

Teil II: Beschäftigte mit körperlich/ handwerklich geprägten Tätigkeiten

1. Die Struktur des Teils II

Der Teil II umfasst die Entgeltgruppen 1 bis 7. Ähnlich wie Teil I hat er eine allgemeine Auffangfunktion, im Gegensatz zu Teil I für alle körperlich/handwerklich geprägten Tätigkeiten, für die keine spezielleren Regeln in den Teilen III bis VI gelten (§ 3 Abs. 3 TV EntgO Bund). Körperlich/handwerklich geprägte Tätigkeiten sind solche, die bei Fortgeltung des MTArb/-O dem Lohngruppenverzeichnis unterlegen hätten (§ 2 Abs. 3 TV EntgO Bund). Die Rechtslage gleicht dem im Detail anders aufgebauten TV-L (siehe dort Teil III Abschnitt 1 EGO TV-L).

Für die Anwendung des Teils II ist somit zunächst zu klären, ob die auszuübende Tätigkeit gemäß § 2 Abs. 3 TV EntgO Bund körperlich/handwerklich geprägt ist. Dies ist anzunehmen, wenn bei Fortgeltung des MTArb/-O die auszuübende Tätigkeit dem Lohngruppenverzeichnis unterlegen hätte.

Ob dies der Fall ist, war früher zunächst eine Frage der Zuordnung zu den unterschiedlichen rentenversicherungsrechtlichen Systemen für Angestellte und Arbeiter. Danach war nach einem Fünf-Punkte-Schema zu prüfen, ob letztlich eher Tätigkeiten als Angestellter im Sinne des BAT/-O oder eher Tätigkeiten als Arbeiter im Sinne der MTArb/-O vorlagen:

BAG vom 04.08.1993

Zur rentenversicherungsrechtlichen Einordnung eines Arbeitnehmers als Arbeiter oder Angestellter ist, da es keine umfassende gesetzl. Definition gibt, nach der ständigen Rechtsprechung des BSG (Urteil vom 24.10.1978 – 12 RK 60/76 – BSG 47, 106; Urteil vom 09.12.1982 – 12 RK 6/82 – SozR 2400 § 3 Nr. 5; vom 11.11.1987 – 12 RK 6/86 – SozR 2400 § 3 Nr. 6) eine mehrstufige Prüfung vorzunehmen. Dabei ist von einer Stufe auf die folgende erst überzugehen, wenn auf der vorangegangenen keine Entscheidung möglich ist.

Auf der **ersten Stufe** ist zu untersuchen, ob der Beschäftigte zu einer der in § 133 Abs. 2 SGB VI (vor 1992: § 3 Absatz 1 AVG) beispielhaft aufgezählten Gruppen gehört.

Ist dies nicht der Fall, so ist in einem **zweiten Schritt** zu prüfen, ob die Beschäftigung einer der im sog. Berufsgruppenkatalog des Reichsarbeitsministeriums (vom 08.03.1924 – RGBl I S. 274 – mit Änderungen vom 04.02.1927 – RGBl. I S. 58 – und vom 15.07.1927 – RGBl. I S. 222) aufgeführten Gruppen entspricht.

Ist auch das nicht der Fall, so ist auf der **dritten Stufe** zu untersuchen, ob die Beschäftigung derjenigen einer Berufsgruppe entspricht, deren Angehörige nach der Verkehrsanschauung allgemein als Angestellte betrachtet werden.

> Ergibt sich auch hiernach keine Lösung, so hängt die Frage, ob der Beschäftigte Angestellter oder Arbeiter ist, auf einer **vierten Stufe** davon ab, ob die Beschäftigung vorwiegend geistig oder vorwiegend körperlich geprägt ist.
>
> Ergibt die Abwägung anhand des Gesamtbildes kein deutliches Übergewicht für eine körperliche oder für eine geistige Prägung, so ist auf der **fünften und letzten Stufe** auf den übereinstimmenden Willen der Vertragspartner des Beschäftigungsverhältnisses abzustellen.
>
> (BAG 04.08.1993, 4 AZR 515/92, AP Nr. 1 zu § 1 BAT; *Hervorhebungen durch die Verfasser*)

Praxis-Tipp:

Das Rentenversicherungsrecht unterscheidet seit 2005 nicht mehr nach Angestellten und Arbeitern. Damit scheiden die Stufen 1 bis 3 als Prüfkriterium aus. Es bleibt letztlich bei Stufen 4 und 5, von denen der TVöD-Bund mit seiner Regelung in § 3 Abs. 3 und 4 Satz 1 TV EntgO Bund letztlich auf Stufe 5 verweist.

Dann ist zu prüfen, ob diese Tätigkeit durch eines der Tätigkeitsmerkmale der Teile III bis VI abgedeckt ist. Dabei ist auf den örtlichen und sachlichen Geltungsbereich der Teile gemäß § 3 Abs. 3 TV EntgO Bund zu achten. Ist keine speziellere Regelung einschlägig, sind für die körperlich/handwerklich geprägte Tätigkeit die folgenden Tätigkeitsmerkmale des Teils II zu prüfen:

2. Übersicht

Arbeitertätigkeiten

EG 1	einfachste Tätigkeiten	
EG 2	einfache Tätigkeiten	**FG 3:** Beschäftigte der EG 2 mit Tätigkeiten ■ die die Körperkräfte außerordentlich beanspruchen oder ■ die mit besonderer Verantwortung verbunden sind
EG 3	**FG 1:** eingehende Einarbeitung **FG 2:** Angelernte	
EG 4	**Beschäftigte** ■ mit erfolgreich abgeschlossener Berufsausbildung ■ mit einer Ausbildungsdauer von weniger als 3 Jahren ■ in ihrem oder verwandten Beruf beschäftigt	
EG 5	**Beschäftigte** ■ mit erfolgreich abgeschlossener Berufsausbildung ■ mit einer Ausbildungsdauer von mindestens 3 Jahren ■ in ihrem oder verwandten Beruf beschäftigt	
EG 6	**Beschäftigte der EG 5** mit hochwertigen Arbeiten	
EG 7	**Beschäftigte der EG 5** mit besonders hochwertigen Arbeiten	

Quelle: IPW – Institut für PersonalWirtschaft GmbH

3. Einfachste Tätigkeiten (Entgeltgruppe 1)

§

Entgeltgruppe 1

Beschäftigte mit körperlich/handwerklich geprägten Tätigkeiten

mit einfachsten Tätigkeiten.

(Hierzu Protokollerklärung Nr. 5)

Protokollerklärung Nr. 5

[1]Einfachste Tätigkeiten üben z. B. aus

a) Beschäftigte, die Essen und Getränke ausgeben,

b) Garderobenpersonal,

c) Beschäftigte, die spülen, Gemüse putzen oder sonstige Tätigkeiten im Haus- und Küchenbereich ausüben,

d) Reinigerinnen und Reiniger in Außenbereichen wie Höfen, Wegen, Grünanlagen, Parks,

e) Wärterinnen und Wärter von Bedürfnisanstalten,

f) Serviererinnen und Servierer,

g) Hausarbeiterinnen und -arbeiter sowie

h) Hausgehilfinnen und -gehilfen.

Da es sich bei Teil II um eine in sich abgeschlossene Regelung für ehemals Arbeitertätigkeiten handelt, wurde das Tätigkeitsmerkmal der Entgeltgruppe 1 des Teils I wortgleich in Teil II übernommen. Auf die Ausführungen zu Entgeltgruppe 1 Teil I kann entsprechend verwiesen werden (vgl. Kapitel 4.2).

Rechtsprechung:

1. Beispiel: Küchen- und Reinigungsarbeiten

So können die Tätigkeiten einer Küchenhilfe in einem Krankenhaus „einfachste Tätigkeit" im Sinne der Entgeltgruppe 1 TVöD-VKA (vgl. TVöD-Bund) sein (LAG BW 20.06.2007, 12 TaBV 3/07, ZTR 2007, S. 620, 621):

Auszuübende Tätigkeit	Zeitanteil ... der Gesamttätigkeit
a) Portionierung von Speisen	zu etwa 33%
b) Reinigen der Küche	zu etwa 25%

8

Auszuübende Tätigkeit	Zeitanteil ... der Gesamttätigkeit
c) Beschickung und Entladung des Geschirrspülbandes	zu etwa 35%
d) Wickeln von Bestecken	zu etwa 7%

In seiner Entscheidung hat das LAG Baden-Württemberg (tarifwidrig) keinen Arbeitsvorgang gebildet, sondern wohl untechnisch einerseits von „Arbeitsvorgang“ und andererseits von „Arbeitsvorgängen“ gesprochen. Tatsächlich ist von vier Arbeitsvorgängen auszugehen (zur Bildung von Arbeitsvorgängen im Arbeiterbereich siehe Gamisch/Mohr, Grundlagen, Kapitel 3.12).

Die Tätigkeit zu a) ist trotz eines erhöhten intellektuellen Aufwandes eine einfachste Tätigkeit im Sinne der Entgeltgruppe 1. Das gilt auch für die Tätigkeit zu c), bei der kein höherer Schwierigkeitsgrad zu erkennen ist. Ein Zeitdruck, der durch die Geschwindigkeit des Geschirrspülbands entsteht, führt nicht zu einer höheren körperlichen oder geistigen Anforderung an den Beschäftigten.

Praxis-Tipp:

Widrige Arbeitsumstände, wie Hitze und Dampf, betreffen das Arbeitsumfeld, nicht den Arbeitsinhalt und sind damit nicht eingruppierungsrelevant. Sie können einen Anspruch auf entsprechende Zuschläge gemäß § 19 Abs. 2 Buchstabe b) TVöD-Bund begründen.

Bei der Tätigkeit müssen vom Stelleninhaber selbst keine Hygienevorschriften beachtet werden, weil er die Spülmaschine nicht bedient, das heißt nicht in Gang setzen und nicht mit Spülmittel versehen muss.

Vor diesem Hintergrund sind „einfachste Tätigkeiten“:

- das Fluten von Fußböden mit durch Reinigungsmittel angereichertem Wasser mittels Schiebe- und Wischtätigkeit
- die Reinigung anderer Flächen und Geräte mit anderen Lappen
- sofern kein Zerlegen und Reinigen von Maschinen erfolgt

(vgl. LAG BW 20.06.2007, 12 TaBV 3/07; Rechtsbeschwerde nicht zugelassen; ZTR 2007, S. 620, 621)

Wichtig: Die Rechtslage ist anders, wenn umfangreiche rechtliche oder tatsächliche Vorgaben zu beachten sind.

So sind folgende Reinigungsarbeiten in einem Pflegeheim keine einfachsten Tätigkeiten im Sinne der Entgeltgruppe 1 TVöD-VKA (vgl. TVöD-Bund):

- Bei den Sicht- und Unterhaltsreinigungen sind Hygienevorschriften zu beachten, für die eine mehrstündige Schulung erforderlich ist.
- Auch die Beachtung umfangreicher Desinfektionspläne, die eine eigenständige Entscheidung des Arbeitnehmers erfordern, welche Flächen wie aufgrund der selbst festzustellenden Verschmutzungen zu reinigen sind,

schließt die Eingruppierung in Entgeltgruppe 1 aus (BAG 28.01.2009, 4 ABR 92/07, NZA 2009, S. 1042).

Die Anforderungen der Entgeltgruppe 1 sind bei Reinigungsarbeiten hingegen dann erfüllt, wenn der Arbeitgeber den ganz konkreten Ablauf, den Arbeitsinhalt und die Arbeitsmittel klar und eindeutig vorgibt. Die Vorgaben des Arbeitgebers müssen so sein, dass die zu beachtenden Reinigungsanweisungen konkrete Handlungsanweisungen geben im Hinblick auf:

- die im Einzelnen zu reinigenden Bereiche (z. B. Fußböden, Oberflächen, Nassbereich, WC)
- die Reinigungsmittel und in welcher Dosierung sie zum Einsatz kommen, wobei die sachgerechte Dosierung über Dosieranlagen und nicht durch die Reinigungskraft selbst erfolgt
- die anzuwendenden Reinigungsgeräte (z. B. welcher Eimer, welche Lappen) und die konkrete Art und Weise der Reinigung für jeden der o. g. Bereiche (z. B. nass und/oder trocken nachwischen)

(vgl. BAG 20.05.2009, 4 AZR 315/08, AP Nr. 1 zu § 17 TVÜ)

2. Beispiel: Hausarbeit

Unter „Hausarbeit" wird die Arbeit im Haushalt verstanden, wobei zu den Hausarbeiten im eigentlichen Sinn neben dem Einkaufen und Putzen auch das Waschen gezählt wird (BAG 28.01.2009, 4 ABR 92/07, AP Nr. 37 zu § 99 BetrVG 1972 Eingruppierung m. w. N.; Hock/Hock ZTR 2009, S. 243, 248).

Allein der letztgenannte Umstand führt aber nicht dazu, dass Personen, die in einer Wäscherei tätig sind, zugleich „Hausarbeiter/innen" im Sinne der Entgeltgruppe 1 sind. Hiergegen spricht zunächst, dass nach dem allgemeinen Sprachgebrauch mit dem Begriff der „Hausarbeit" gerade verschiedenartige Tätigkeiten im Haushalt erfasst werden, ohne dass ein fest umrissenes oder auf einen Aufgabenbereich begrenztes Tätigkeitsfeld besteht, für das die betreffende Person eingestellt wurde. Demgegenüber werden Arbeitnehmer, die für Tätigkeiten in einer Wäscherei eingestellt werden, speziell für diese Tätigkeit eingestellt, ohne dass andere Hausarbeitstätigkeiten von ihnen zu verrichten sind. Sind diese zudem in einer Wäscherei tätig, in der ein umfangreicher Maschinenpark eingesetzt wird (u. a. vier Großtrockner, eine Groß- und eine Kleinteilemangel einschließlich Eingabe- und Faltmaschine sowie Stapler, zwei Trockenwäsche-Faltmaschinen einschl. einer Bündelungsmaschine und ein Tunnel-Finisher) und bei der am Tag weit über 10.000 Textilteile an den verschiedenen Maschinen zur Bearbeitung anfallen, liegt ein gewerblich geprägter Wäschereibetrieb vor, so dass diese Wäschereitätigkeit bereits nach dem allgemeinen Sprachgebrauch nicht mehr vom Begriff der „Hausarbeit" erfasst wird.

(BAG 01.07.2009, 4 ABR 16/08, zit. nach WKRS 2009, 25020)

8

Praxis-Tipp:

Arbeitgeber dürfen die Anforderungen an ihre Mitarbeiter nicht überspannen: Arbeitsaufgaben der Entgeltgruppe 1 TVöD-Bund im Teil I und II können nur „mechanische" Tätigkeiten sein, die keine geistigen Anforderungen stellen.

Sobald Vorschriften zu beachten sind (z. B. Prozessbeschreibungen des Qualitätsmanagements oder Rechtsvorschriften des Arbeits- und Unfallschutzes), kann nur in Entgeltgruppe 2 TVöD-Bund eingruppiert werden.

Praxis-Tipp:

Bei der Übertragung der Tätigkeiten gilt: Weniger ist mehr!

Auch in dieser Qualifikationsebene ist der Arbeitgeber faktisch gezwungen, tarifkonforme Stellenbeschreibungen vorzuhalten. Anderenfalls kann es zu bösen Überraschungen in der Einigungsstelle oder vor dem Arbeits- bzw. Verwaltungsgericht kommen.

4. Einfache Tätigkeiten (Entgeltgruppe 2)

Entgeltgruppe 2

Beschäftigte mit körperlich/handwerklich geprägten Tätigkeiten

mit einfachen Tätigkeiten.

(Hierzu Protokollerklärung Nr. 4)

Protokollerklärung Nr. 4

[1]Einfache Tätigkeiten sind Tätigkeiten, die weder eine Vor- noch eine Ausbildung, aber eine Einarbeitung erfordern, die über eine sehr kurze Einweisung oder Anlernphase hinausgeht. [2]Die Einarbeitung dient dem Erwerb derjenigen Kenntnisse und Fertigkeiten, die für die Beherrschung der Arbeitsabläufe als solche erforderlich sind.

Das Merkmal der Entgeltgruppe 2 entspricht dem alten Merkmal der Lohngruppe 1 MTArb/-O. Ansonsten entspricht das Tätigkeitsmerkmal der Entgeltgruppe 2 des Teils I. Auf die Ausführungen zu Entgeltgruppe 2 Teil I kann entsprechend verwiesen werden (vgl. Kapitel 4.3).

5. Die Entgeltgruppe 3

Die Entgeltgruppe 3 sieht drei Eingruppierungsmöglichkeiten vor:

§

Entgeltgruppe 3

1. **Beschäftigte mit körperlich/handwerklich geprägten Tätigkeiten, für die eine eingehende Einarbeitung erforderlich ist.**
2. **Angelernte Beschäftigte mit körperlich/handwerklich geprägten Tätigkeiten.**

   (Hierzu Protokollerklärung Nr. 3)
3. **Beschäftigte der Entgeltgruppe 2 mit Tätigkeiten, die die Körperkräfte außerordentlich beanspruchen oder mit besonderer Verantwortung verbunden sind.**

Protokollerklärung Nr. 3

Das sind Beschäftigte mit Tätigkeiten, die eine handwerkliche oder fachliche Anlernung erfordern.

Die eingehende Einarbeitung

Das Tätigkeitsmerkmal der Entgeltgruppe 3 Fallgruppe 1 Teil II Anlage 1 entspricht dem alten Merkmal der Lohngruppe 2 Fallgruppe 1 MTArb/-O und ist vergleichbar mit dem Tätigkeitsmerkmal der Entgeltgruppe 3 Teil I Anlage 1 TV EntgO Bund. Auch dort wird eine eingehende Einarbeitung gefordert. Auf die Ausführungen zu Entgeltgruppe 3 Teil I kann entsprechend verwiesen werden (vgl. Kapitel 4.4).

Für die Abgrenzung von Entgeltgruppe 2 und 3 bei körperlichen/ handwerklich Tätigkeiten kann ergänzend folgendes Beispiel aus der Rechtsprechung herangezogen werden:

8

Praxis-Beispiel:

Städtischer Reiniger

Als städtischem Reiniger oblagen dem Beschäftigten folgende Aufgaben: Er fährt als Bezirksreiniger bzw. Reinigungsfahrer mit einem Arbeitskollegen in einem bestimmten, ihm zugewiesenen Bereich der Stadt mit einem Pritschenwagen von Bushaltestelle zu Bushaltestelle und leert die dort angebrachten Papierkörbe auf seine Ladefläche aus, wobei der Beschäftigte sich weit überwiegend auf das Fahren des Fahrzeugs beschränkt. Soweit im Bereich der Haltestelle Verunreinigungen sind, beseitigt er diese. Um diese Tätigkeit ausüben zu können, benötigt der Beschäftigte neben einer Fahrerlaubnis vor allem Kenntnisse über die abzufahrende Route.

Diese Kenntnisse reichen für die Anerkennung einer eingehenden Einarbeitung nicht aus:

1. Zur Fahrerlaubnis: Der Erwerb einer solchen und die damit erlangte Qualifikation beruhen nicht auf einer eingehenden Einarbeitung im Tarifsinne. Bei der Wahl dieses Begriffs sind die Tarifparteien ersichtlich davon ausgegangen, dass es sich um (ggf. zusätzliche) Kenntnisse handelt, die durch eine Einarbeitung erlangt werden, die vom Arbeitgeber durchgeführt werden kann. Bei einer Fahrerlaubnis handelt es sich dagegen um eine Qualifikation, die im Regelfall außerhalb des Arbeitsverhältnisses erworben wird und im Streitfall Bestandteil des Anforderungsprofils für die konkrete Tätigkeit ist.
2. Zur Kenntnis der abzufahrenden Route: Die erforderlichen Kenntnisse über Lage, Ort und Reihenfolge der anzufahrenden Stellen erfordern notwendigerweise keine eingehende Einarbeitung. Soweit beim Beschäftigten keine Ortskenntnisse vorliegen, reicht für die sachgerechte Aufgabenerledigung die Aushändigung eines Stadtplans mit den darin vermerkten Anlaufpunkten aus.

(BAG 11.10.2006, 4 AZR 534/05, AP Nr. 9 zu § 20 BMT-G II)

Die Anlernung

Das Tätigkeitsmerkmal der Entgeltgruppe 3 Fallgruppe 2 Teil II Anlage 1 entspricht dem alten Merkmal der Lohngruppe 2a Fallgruppe 1 MTArb/-O und ist vergleichbar mit dem Tätigkeitsmerkmal der Entgeltgruppe 3 Teil I Anlage 1. Auch dort wird eine fachliche Anlernung gefordert. Auf die Ausführungen zu Entgeltgruppe 3 Teil I kann entsprechend verwiesen werden (vgl. Kapitel 4.4).

Die Fallgruppe 3

Die Tätigkeitsmerkmale der Fallgruppe 3 entsprechen dem alten Merkmal der Lohngruppe 2a Fallgruppe 3 MTArb/-O.

Im Unterschied zu den Fallgruppen 1 und 2 werden hier keine höheren Anforderungen an die fachlichen Voraussetzungen gefordert. Vielmehr sollen die mit der Tätigkeitsausübung verbundenen körperlichen Anforderungen bzw. die damit verbundene Verantwortung honoriert werden.

Die mit der Tätigkeitsausübung verbundenen **körperlichen Anforderungen** sollen dann eine höhere Eingruppierung rechtfertigen, wenn die Körperkräfte außerordentlich beansprucht werden. In welchen Fällen eine solche Beanspruchung vorliegt, definiert der TV EntgO Bund – wie auch die vergleichbare Regelung im TV-L – nicht. Der alte MTArb/-O nannte zumindest beispielhaft:

§

Helfer an Heizungsanlagen

Lagerarbeiter; soweit nicht höher eingereiht

Diese Beispiele können auch als Orientierung für die Anwendung der Regeln im TV EntgO Bund dienen. Dies folgt unmittelbar aus § 2 Abs. 3 TV EntgO Bund. Danach sind in Teil II nur Beschäftigte eingruppiert, die bei Fortgeltung des alten Rechts im MTArb/-O einzureihen wären. Da der Teil II im Wesentlichen Struktur und Tätigkeitsmerkmale des MTArb/-O übernommen hat, kann daraus auch geschlossen werden, dass zur Auslegung auch die alten Beispiele ergänzend herangezogen werden können (vgl. z. B. BAG 06.11.1996, 4 AZR 334/95).

Darüber hinaus ist aber zunächst auf den allgemeinen Sprachgebrauch zurückzugreifen. Danach liegt eine außerordentliche Beanspruchung der Körperkräfte vor, wenn die körperlichen Anforderungen vom Gewohnten abweichen, ungewöhnlich oder überdurchschnittlich sind (vgl. Duden, S. 235).

Zweifelhaft ist, ob dieses Tätigkeitsmerkmal dem Allgemeinen Gleichbehandlungsgesetz entspricht. Das LAG Hamm hat in seiner Entscheidung vom 11.08.1997 (16 Sa 213/96) bereits die Ansicht vertreten, dass das Merkmal frauendiskriminierend ist.

Verantwortung bedeutet zunächst, dass der Beschäftigte dafür einstehen muss, dass die ihm übertragenen Aufgaben der Entgeltgruppe 2 sachgerecht, pünktlich und vorschriftsgemäß ausgeführt werden. Auf dieser Normalverantwortung aufbauend liegt eine besondere Verantwortung vor, wenn sich die Tätigkeit aus dieser Normalverantwortung in gewichtiger und beträchtlicher Weise heraushebt (siehe zur vergleichbaren Rechtslage im BAT/-AOK: BAG 16.02.2000, 4 AZR 62/99, AP Nr. 31 zu §§ 22, 23 BAT-O).

6. Die Entgeltgruppe 4

Entgeltgruppe 4

Beschäftigte mit körperlich/handwerklich geprägten Tätigkeiten mit abgeschlossener Berufsausbildung mit einer Ausbildungsdauer von weniger als drei Jahren, die in ihrem oder einem diesem verwandten Beruf beschäftigt werden.

Der Begriff der abgeschlossenen Berufsausbildung wird in § 11 TV EntgO Bund wie folgt näher erläutert:

§ 11 TV EntgO Bund

[1]Eine abgeschlossene Berufsausbildung liegt vor, wenn eine Abschlussprüfung in einem nach dem Berufsbildungsgesetz oder nach der Handwerksordnung staatlich anerkannten oder als staatlich anerkannt geltenden Ausbildungsberuf mit einer Ausbildungsdauer von mindestens drei Jahren erfolgreich bestanden wurde. [2]In Tätigkeitsmerkmalen genannte Ausbildungsberufe umfassen auch die entsprechenden früheren Ausbildungsberufe.

Die Tätigkeitsmerkmale sind grundsätzlich der Lohngruppe 3 Fallgruppe 1 zum MTArb/-O entnommen. Die Tarifvertragsparteien haben aber auf die aktuelle Situation der Berufsausbildung reagiert und die verlängerte Regelausbildungsdauer von drei statt 2,5 Jahren übernommen (§ 5 Abs. 1 Nr. 2 BBiG; § 26 Abs. 1 Nr. 2 HwO).

Bei der **anerkannten (Berufs-)Ausbildung** handelt es sich um ein subjektiv (in der Person des Beschäftigten) zu erfüllendes Tätigkeitsmerkmal. Ein anerkannter Ausbildungsberuf liegt vor, wenn er als solcher gesetzlich geregelt ist. Rechtsgrundlage für die Berufsausbildung im handwerklichen Bereich ist die Handwerksordnung i. V. m. dem Berufsbildungsgesetz.

Die Ausbildung muss nach der dazu ergangenen Ausbildungsordnung erfolgen (§ 4 BBiG, § 25 HwO). Als abgeschlossen im berufsbildungsrechtlichen Sinne gilt eine solche Ausbildung, wenn der

Auszubildende die Prüfung vor der zuständigen Stelle erfolgreich bestanden hat (§ 37 BBiG; § 31 HwO).

Beispiele für Berufe mit einer Regelausbildungsdauer von weniger als drei Jahren	
Berufsbild	**Ausbildungs-dauer**
Ausbaufacharbeiter/innen	2 Jahre
Fachlagerist	2 Jahre
Fachkräfte in der Gastronomie	2 Jahre
Fachkräfte für Kurier-, Express- und Postdienstleistungen	2 Jahre
Industrieelektriker/innen der Fachrichtung Betriebstechnik	2 Jahre
Industrieelektriker/innen der Fachrichtung Geräte und Systeme	2 Jahre
Kraftfahrzeugservicemechaniker	2 Jahre

(siehe www.berufenet.arbeitsagentur.de)

Beruf ist im Sinne des allgemeinen Sprachgebrauchs die Zugehörigkeit zu einem Erwerbszweig (BAG 24.01.2007, 4 AZR 28/06, AP Nr. 10 zu § 20 BMT-G II m. w. N.).

Beschäftigung **in ihrem Beruf** bedeutet dementsprechend, dass der Beschäftigte Tätigkeiten auszuüben hat, die im Rahmen der für die Tätigkeit passenden/einschlägigen Berufsausbildung vermittelt werden. Einschlägig ist ein Beruf nur dann, wenn die jeweilige Berufsausbildung das adäquate Mittel ist, die für die Tätigkeitsausübung erforderlichen Kenntnisse und praktischen Fertigkeiten zu erwerben. Die Berufsausbildung ist somit notwendige Voraussetzung zur sachgerechten Arbeitsausführung (vgl. BAG 24.11.1999, 4 AZR 772/98, AP Nr. 11 zu § 51 TVAL II; vgl. auch BAG 01.07.2009, 4 AZR 249/08, ZTR 2010, S. 28 ff.).

Wichtig: Alles das, was dem Beschäftigten im Rahmen der Ausbildung an Kenntnissen, Fertigkeiten und berufstypischen Aufgaben vermittelt wird, zählt zur „Normaltätigkeit" und führt damit zur Anerkennung der Entgeltgruppe 4 (siehe zur vergleichbaren Rechtslage im BMT-G II BAG 27.08.2008, 4 AZR 484/07, AP Nr. 210 zu § 1 TVG Auslegung; vgl. auch BAG 01.07.2009, 4 AZR 249/08, ZTR 2010, S. 28 ff.).

Dementsprechend erfordert auch die Formulierung „in ihrem erlernten Beruf beschäftigt sind“ eine Tätigkeit, die im Wesentlichen dem Berufsbild des erlernten Berufs entspricht (vgl. BAG 01.07.2009, 4 AZR 249/08, ZTR 2010, S. 28 ff., siehe zum vergleichbaren Tätigkeitsmerkmal: BAG 24.09.2008, 4 ABR 83/07, AP Nr. 94 zu § 1 TVG Tarifverträge: Einzelhandel; zum BMT-G: LAG Nürnberg 04.08.2004, 4 Sa 252/03, zit. nach Beck-online).

Für die Anwendung des Begriffs „**verwandter Beruf**“ kommt es nicht auf die Ähnlichkeit der jeweiligen Tätigkeit an. Entscheidend ist vielmehr, ob die Berufe als solche untereinander verwandt sind. Damit genügt es nicht, dass sich einzelne Tätigkeiten in Randgebieten überschneiden. Die Beschäftigung in einem verwandten Beruf setzt vielmehr voraus, dass die Berufsbilder des ausgeübten Berufs und des Ausbildungsberufs in den wesentlichen, prägenden Einzelheiten übereinstimmen und sich die Inhalte der Ausbildung und Prüfung zu einem großen Teil überschneiden (vgl. BAG 01.07.2009, 4 AZR 249/08, ZTR 2010, S. 28 ff.; BAG 24.01.2007, 4 AZR 28/06, AP Nr. 10 zu § 20 BMT-G II m. w. N.; siehe auch zur vergleichbaren Rechtslage im TVöD-NRW: LAG Düsseldorf 21.01.2020, 14 Sa 524/19, zit. nach WKRS 2020, 70440).

Praxis-Tipp:

Diese Berufsinformationen bietet das Informationsportal der Bundesagentur für Arbeit unter: www.berufenet.arbeitsagentur.de unter der Rubrik „Alternativen“ als Job- und Besetzungsalternativen.

8

7. Die Entgeltgruppe 5

§

Entgeltgruppe 5

Beschäftigte mit körperlich/handwerklich geprägten Tätigkeiten mit abgeschlossener Berufsausbildung, die in ihrem oder einem diesem verwandten Beruf beschäftigt werden.

Der Begriff der abgeschlossenen Berufsausbildung gemäß § 11 TV EntgO Bund wurde bereits vorgestellt (siehe Kapitel 8.6).

Die Tätigkeitsmerkmale der Entgeltgruppe 5 sind grundsätzlich der Lohngruppe 4 Fallgruppe 1 zum MTArb/-O entnommen. Die Tarifvertragsparteien haben aber auf die aktuelle Situation der Berufsausbildung reagiert und die verlängerte Regelausbildungsdauer von drei statt 2,5 Jahren übernommen (§ 5 Abs. 1 Nr. 2 BBiG; § 26 Abs. 1 Nr. 2 HwO). Inhaltlich unterscheiden sie sich lediglich hinsichtlich der Ausbildungsdauer von den Anforderungen der Entgeltgruppe 4. Auf die obigen Ausführungen kann grundsätzlich entsprechend verwiesen werden.

Zusammengefasst bereitet eine abgeschlossene Berufsausbildung von mindestens drei Jahren im Sinne der Entgeltgruppe 5 auf berufliche Handlungsfähigkeit vor, die insbesondere das selbständige Planen, Durchführen und Kontrollieren einschließt. Verlangt werden kann von den Beschäftigten der Entgeltgruppe 5 damit üblicherweise, dass sie über die berufsprofilgebenden Fertigkeiten, Fähigkeiten und Kenntnisse des Berufes verfügen und diese praktisch im Rahmen der auszuübenden Tätigkeiten anwenden können (vgl. LAG M-V 19.01.2022, 5 TaBV 8/21, ZTR 2022, S. 233 ff.).

Ergänzend ist hinzuzufügen, dass es für die hier geforderte mindestens dreijährige Berufsausbildung nicht ausreicht, wenn der Beschäftigte nur auf einem eng begrenzten Teilgebiet eines Ausbildungsberufs tätig ist:

Praxis-Beispiel:

Reparaturarbeiten an Motoren von Kraftfahrzeugen durch einen ausgebildeten Kraftfahrzeugmechaniker

Der Mitarbeiter war im Rahmen von Reparaturarbeiten an Motoren von Kraftfahrzeugen regelmäßig nicht nur an kleineren Motoren, sondern gerade an dem hinsichtlich Hubraum und Abmessung größten Motor des gesamten Reparaturprogramms eingesetzt. Zu den eigenverantwortlich und selbständig ausgeführten Tätigkeiten gehörten insbesondere:

- Öffnen und erforderlichenfalls Zerlegen des Motors
- Austausch von Motorenteilen
- Erforderlichenfalls vollkommener Neuaufbau des Motors (z. B. neue Kurbelwelle, neue Nockenwelle, neue Lager, neue Zylinder)
- Montage der äußeren Motorenteile

Insoweit gibt es keinerlei Einschränkungen in der Einsatzfähigkeit des Mitarbeiters im Vergleich zu anderen in der Werkstatt tätigen Schwergeräte-Mechanikern.

Diese Reparaturarbeiten an Motoren von Kraftfahrzeugen lassen nicht den Schluss zu, dass diese Tätigkeiten eine abgeschlossene Berufsausbildung zum Kraftfahrzeugmechaniker erforderten. Die Ausbildung zum Kraftfahrzeugmechaniker befähigt nicht nur zur Wartung und Reparatur von Motoren – gewiss ein wichtiges Tätigkeitsfeld dieses Berufs –, sondern zu einer sehr viel breiteren Einsetzbarkeit im Kraftfahrzeughandwerk. Die Blätter zur Berufskunde Kraftfahrzeugmechaniker/Kraftfahrzeugmechanikerin (1-II A 402 6. Aufl. 1989, unter 1.1) führen insgesamt 40 zum Arbeitsgebiet von Kraftfahrzeugmechanikern gehörende Baugruppen/Systeme auf, von denen lediglich vier „Motoren und Kühlung" betreffen. Damit hat der Mitarbeiter nur auf einem eng begrenzten Teilgebiet des Berufs gearbeitet, auf dem die dort geforderten Tätigkeiten möglicherweise ohne die Qualifikation zum Kraftfahrzeugmechaniker ordnungsgemäß ausgeübt werden können (vgl. BAG 24.11.1999, 4 AZR 772/98, AP Nr. 11 zu § 51 TVAL II).

Beispiele für nicht verwandte Berufe:

1. Die Beschäftigung als Kraftfahrer ist für einen ausgebildeten Kraftfahrzeugschlosser keine Tätigkeit in einem verwandten Beruf (siehe zum gleichlautenden Merkmal im BMT-G-O: BAG 24.01.2007, 4 AZR 28/06, AP Nr. 10 zu § 20 BMT-G II).
2. Die Beschäftigung als Kraftfahrer ist für einen ausgebildeten Elektroinstallateur keine Tätigkeit in einem „verwandten

Beruf" (siehe zur vergleichbaren Rechtslage im TVöD-NRW: LAG Düsseldorf 21.01.2020, 14 Sa 524/19, zit. nach WKRS 2020, 70440).

3. Die Ausbildung als Elektroniker für Gebäude- und Infrastruktursysteme ist kein dem Instandhaltungsmechaniker verwandter Beruf (LAG Sachsen-Anhalt 26.04.2007, 9 Sa 387/06 E).

8. Hochwertige Arbeiten (Entgeltgruppe 6)

§

Entgeltgruppe 6

Beschäftigte der Entgeltgruppe 5, die hochwertige Arbeiten verrichten.

(Hierzu Protokollerklärung Nr. 2)

Protokollerklärung Nr. 2

Hochwertige Arbeiten sind Arbeiten, die an das Überlegungsvermögen und das fachliche Geschick des Beschäftigten Anforderungen stellen, die über das Maß dessen hinausgehen, das von einem solchen Beschäftigten üblicherweise verlangt werden kann.

Die Feststellung, ob die in Protokollerklärung Nr. 2 gestellten Anforderungen an das Überlegungsvermögen und an das fachliche Geschick erfüllt sind, bedarf eines wertenden Vergleichs mit demjenigen Überlegungsvermögen und demjenigen fachlichen Geschick, welches bereits die Arbeiten der Entgeltgruppe 5 – das heißt Arbeiten, die einer abgeschlossenen Berufsausbildung von mindestens drei Jahren bedürfen – voraussetzen (siehe zur vergleichbaren Rechtslage im MTArb: BAG 15.02.2006, 4 AZR 634/04, AP Nr. 3 zu §§ 22, 23 BAT Rückgruppierung; LAG M-V 19.01.2022, 5 TaBV 8/21, ZTR 2022, S. 233 ff.).

Dabei bedeutet Überlegungsvermögen im Sinne des allgemeinen Sprachgebrauchs, dass die Tätigkeit vom Beschäftigten die Fähigkeit erfordert, sich selbst Gedanken darüber zu machen, wie konkret die übertragenen Aufgaben zu lösen sind. Er muss somit selbst entscheiden, wie er konkret vorgeht (vgl. Duden, S. 1853, 1948). Diese Selbständigkeit bei der Arbeitsausführung muss dann mit der Selbständigkeit verglichen werden, wie sie bereits im Rahmen der einschlägigen Ausbildung vermittelt wird. Als genereller Maßstab für die durch Ausbildungen vermittelte Selbständigkeit kann die berufliche Handlungsfähigkeit im Sinne von § 1 Abs. 3 BBiG dienen:

§ 1 Abs. 3 BBiG: Ziele und Begriffe der Berufsbildung

Die Berufsausbildung hat die für die Ausübung einer qualifizierten beruflichen Tätigkeit in einer sich wandelnden Arbeitswelt notwendigen beruflichen Fertigkeiten, Kenntnisse und Fähigkeiten (berufliche Handlungsfähigkeit) in einem geordneten Ausbildungsgang zu vermitteln. Sie hat ferner den Erwerb der erforderlichen Berufserfahrungen zu ermöglichen.

Berufliche Handlungsfähigkeit bedeutet eine Verbindung von Kenntnissen, Fertigkeiten und Fähigkeiten. Bei Kenntnissen handelt es sich um theoretisches Wissen und bei Fertigkeiten um die praktische Handhabung des Erlernten (BAG 08.08.2002, 8 AZR 647/00, AP Nr. 23 zu §§ 22, 23 BAT-O m. w. N.). Der Begriff der Fähigkeit flankiert beides. Fähigkeiten sind die Gesamtheit körperlicher und seelisch-geistiger Bedingungen, die zur Ausführung einer bestimmten Aufgabe erforderlich sind (vgl. Gröner/Fuchs-Brüninghoff, S. 162 f.). Beruflich handlungsfähig ist demnach der, der in der Lage ist, ohne fachliche Einzelanweisungen Arbeiten zu verrichten, die er im Rahmen der Ausbildung erlernt hat.

Zusammengefasst: Überlegungsvermögen beschreibt die Fähigkeit, etwas gründlich durchdenken zu können. Die auszuführenden Arbeiten stellen dann erhöhte Anforderungen an das Überlegungsvermögen des Beschäftigten, wenn sie ein reifliches Nachdenken erfordern, weil es sich beispielsweise nicht um Routine- oder Standardtätigkeiten handelt. Insbesondere bei atypischen Anlagen oder ungewöhnlichen Fehlermeldungen ist es nötig, sich gründlich damit auseinanderzusetzen und über die nötigen Schritte nachzudenken (vgl. LAG M-V 19.01.2022, 5 TaBV 8/21, ZTR 2022, S. 233 ff.).

Fachliches Geschick bedeutet hingegen, dass man im einschlägigen Fach-/Wissensgebiet auch über praktische Fertigkeiten verfügt (vgl. Duden, 582, 729). Der Begriff „fachliches Geschick" bezieht sich also auf das praktische Können. Tätigkeiten erfordern ein erhöhtes fachliches Geschick, wenn der Beschäftigte spezielle Fertigkeiten benötigt, um seine Aufgaben ordnungsgemäß bewältigen zu können. Das können besondere manuelle Fähigkeiten, zum Beispiel eine besondere Fingerfertigkeit, sein, aber auch eine besondere Kompetenz bei der Suche und Beseitigung von Störungen, erst recht, wenn diese unter Zeitdruck und/oder an Spezialanlagen durchzuführen ist. Die Anforderungen an das fachliche Geschick müssen über das hinausgehen, was üblicherweise von einem einschlägig ausgebildeten Facharbeiter erwartet werden kann (vgl. LAG M-V 19.01.2022, 5 TaBV 8/21, ZTR 2022, S. 233 ff.).

Beispiel aus der Rechtsprechung:

Der Arbeitsvorgang „Betreuung Haustechnik" stellt sowohl an das Überlegungsvermögen als auch an das fachliche Geschick höhere Anforderungen als die Normaltätigkeit eines einschlägig ausgebildeten Facharbeiters: Die Komplexität der zu betreuenden sicherheitstechnischen Anlagen bedingt, sich hiermit gedanklich tiefgehend auseinanderzusetzen. Ohne einschlägige Berufserfahrung ist das regelmäßig nicht zu bewältigen. Um auf Fehlermeldungen zeitnah und zielgerichtet reagieren bzw. das Nötige veranlassen zu können, muss sich der Beschäftigte mit den technischen Abläufen und der Funktionsweise gründlich vertraut gemacht und diese verstanden haben. Das setzt eine vermehrte gedankliche Arbeit voraus. Die Arbeiten an den sicherheitstechnischen Anlagen setzen zudem ein erhöhtes fachliches Geschick voraus, da sie für den Betrieb des Museums von erheblicher Bedeutung sind, weshalb Störungen unverzüglich behoben werden müssen. Der Beschäftigte muss in der Lage sein, die Störung schnell zu erkennen und zu lokalisieren und – sofern möglich – selbst zu beheben oder die Reparatur in Abstimmung mit der Teamleitung zu veranlassen. Das erfordert regelmäßig einschlägige Erfahrungen, die von einem Berufsanfänger nach Abschluss der Ausbildung noch nicht erwartet werden können.

(vgl. LAG M-V 19.01.2022, 5 TaBV 8/21, ZTR 2022, S. 233 ff.)

9. Besonders hochwertige Arbeiten (Entgeltgruppe 7)

§

Entgeltgruppe 7

Beschäftigte der Entgeltgruppe 5, die besonders hochwertige Arbeiten verrichten.

(Hierzu Protokollerklärung Nr. 1)

Protokollerklärung Nr. 1

Besonders hochwertige Arbeiten sind Arbeiten, die neben vielseitigem hochwertigem fachlichen Können besondere Umsicht und Zuverlässigkeit erfordern.

Vielseitiges fachliches Können erfordert über die Erfordernisse beim Durchschnittshandwerker hinaus breitere fachliche Kenntnisse und Erfahrungen (vgl. BAG 03.02.1988, 4 AZR 493/87, AP Nr. 4 zu § 22 SV 2a MTB II).

Das Adjektiv **hochwertig** steht für hohe Qualität aufweisend (vgl. Duden, S. 895). Unter **fachlich** versteht man ein bestimmtes Fach/Fachgebiet betreffendes Wissen (vgl. Duden, S. 580). Als **Können** bezeichnet der allgemeine Sprachgebrauch ein erworbenes Vermögen, auf einem bestimmten Gebiet mit Sachverstand etwas zu leisten (vgl. Duden, S. 1057).

Praxis-Tipp:

Vielseitiges hochwertiges fachliches Können erfordert also zur ordnungsgemäßen Ausführung der Arbeiten ein fachliches Können, das zum einen in der Breite über die Ausbildungsinhalte hinausgeht („vielseitig") und zum anderen eine höhere Qualität aufweist („hochwertig"). Solche erweiterten Fachkenntnisse können sich beispielsweise aus Zusatzausbildungen oder langjährigen Erfahrungen in speziellen Bereichen ergeben. Verlangt ist ein fachliches Können auf der letzten Stufe vor einer Meisterausbildung. Meister mit entsprechender Tätigkeit sind in der Entgeltgruppe 8 eingruppiert (vgl. LAG M-V 19.01.2022, 5 TaBV 8/21, ZTR 2022, S. 233 ff.).

Darüber hinaus muss die besondere Umsicht und Zuverlässigkeit vorliegen. **Umsichtig** handelt, wer bedacht, überlegt, alle Umstände bedenkend vorgeht. Besonders umsichtig handelt derjenige, an dessen Überlegungen gesteigerte Anforderungen gestellt werden (vgl. BAG 03.02.1988, 4 AZR 493/87, AP Nr. 4 zu § 22 MTB II SV 2a; BAG 27.08.2008, 4 AZR 484/07, AP Nr. 210 zu § 1 TVG Auslegung).

Nach dem allgemeinen Sprachgebrauch bedeutet **zuverlässig** „so beschaffen, dass man sich auf ihn verlassen kann, vertrauenswürdig, verlässlich". Auf eine Tätigkeit bezogen bedeutet dies, dass der Arbeitnehmer keiner besonderen Kontrolle bedarf, weil man sich auf ihn verlassen kann. Fordert man hingegen, dass die fachliche Aufsicht auf ein Mindestmaß beschränkt werden kann, sind diese Anforderungen zu hoch (vgl. BAG 03.02.1988, 4 AZR 493/87, AP Nr. 4 zu § 22 MTB II SV 2a).

Positiv-Beispiel aus der Rechtsprechung:

Besonders hochwertige Arbeiten sind gegeben bei einem Waffenmechaniker in der technischen Materialprüfung. Die **Vielseitigkeit** war gegeben, da der Mitarbeiter nicht nur jede Waffe umfassend kennen, sondern darüber hinaus eine Vielzahl unterschiedlicher Waffentypen kontrollieren und ihre spezifischen Eigenarten beherrschen muss.

Die **Hochwertigkeit** (hohe Qualität der erforderlichen Kenntnisse) war erfüllt, da der Waffenmechaniker als Beispiel im Tarifvertrag entsprechend benannt ist.

Die **Umsichtigkeit** war erfüllt, da der Mitarbeiter die Waffen auf Mängel zu überprüfen und die Beanstandungen in der „Zustands-Karte Gerät" zu dokumentieren hat und obendrein unter Festlegung der „Arbeitswert-Werte" Instandsetzungsanweisungen erteilen und schließlich die Bewertungsstufe festlegen muss. Der Mitarbeiter muss also im Hinblick auf die Schützensicherheit, die bei nicht sorgfältiger Mängelfeststellung gefährdet wäre, und im Hinblick auf die Einsatzfähigkeit einzelner Truppeneinheiten in außergewöhnlicher Weise sorgfältig und umsichtig sein.

Die **Zuverlässigkeit** war gegeben, da wegen der besonderen Fachkunde und Umsicht des Mitarbeiters die fachliche Aufsicht auf ein Mindestmaß beschränkt ist. Damit sind die Anforderungen an die Zuverlässigkeit in diesem Fall sogar übererfüllt.

(BAG 03.02.1988, 4 AZR 493/87, AP Nr. 4 zu § 22 MTB II SV 2a)

Der Weg zur richtigen Eingruppierung

1. Überblick

Der Eingruppierungsvorgang

Stellenbeschreibung (StB)	✓ auszuübende Tätigkeit ✓ fachliches Anforderungsprofil
↓	
Qualifikationsebenen TVöD-Bund	✓ Un-/Anlerntätigkeiten ✓ Berufsausbildung ✓ Fortbildung (Meister/Techniker, etc.) ✓ Dipl.-FH/Bachelor ✓ Dipl./Master
↓	
Prüfung möglicher Tätigkeitsmerkmale (TM) innerhalb der Qualifikationsebene	anhand der StB, insbesondere: ✓ Einzeltätigkeiten ✓ Kenntnisse ✓ Befugnisse
↓	
widerspruchsfreie Zuordnung der auszuübenden Tätigkeiten gem. StB unter die TM des TVöD-Bund durch Auslegung nach:	1. Wortlaut (Bedeutung gemäß Tarifvertrag, Gesetz, Fachsprache bzw. allgemeinem Sprachgebrauch) 2. Systematik des TVöD-Bund 3. Sinn und Zweck der TM ↕ → Tarifgeschichte → praktische Tarifübung → Praktikabilität

Quelle: IPW – Institut für PersonalWirtschaft GmbH

2. Die Stellenbeschreibung als Basis

Anders als die Arbeitsvertragsrichtlinien der Evangelischen Kirche verzichtet der TVöD-Bund – wie auch der TV-L und TVöD-VKA – weiterhin auf eine ausdrückliche Nennung der Stellenbeschreibung als Grundlage jeder Eingruppierung.

Wichtig: Gleichwohl kann ohne tarifkonforme Stellenbeschreibungen nicht eingruppiert werden (vgl. Gamisch/Mohr, StB, Kapitel 1.4; Gamisch/Mohr, gEG, IV C.1.1.4).

Das Fehlen von Stellenbeschreibungen führt regelmäßig zu übertariflichen Eingruppierungen. Darüber hinaus ist die Stellenbeschreibung ein unverzichtbares Führungsinstrument.

Die Funktionen der Stellenbeschreibung

Die tarifkonforme Stellenbeschreibung behält ihre zentrale Bedeutung (vgl. Gamisch/Mohr, StB, Kapitel 1.4).

Sie ist zunächst ein wertvolles Führungsinstrument (z. B. bei der diskriminierungsfreien Stellenbesetzung, Arbeitsvertragsgestaltung und der Einarbeitung neuer Mitarbeiter). Zugleich bildet sie die unerlässliche Grundlage bei der Anwendung leistungsorientierter Bezahlung gemäß § 17 Abs. 2 TVöD-Bund und § 18 TVöD-Bund. Ohne Stellenbeschreibung kann zudem die korrekte Eingruppierung auch zukünftig nicht ermittelt werden.

Bei der leistungsorientierten Bezahlung über Zielvereinbarungs- oder Bewertungsgespräche mithilfe der systematischen Leistungsbewertung oder der Anwendung des Beurteilungsrechts der Beamten ist eine Gesprächsgrundlage erforderlich:

- Wie sollen Ziele vereinbart werden, wenn bereits Unsicherheit über die „normale" Tätigkeit besteht?
- Wann ist eine Leistung gut oder schlecht?

Wichtig: „Ohne Stellenbeschreibung ist Beurteilung sinnlos."

(Ein Beurteiler; Grunow, Personalbeurteilung, Stuttgart 1976, S. 45)

Praxis-Tipp:

Das überarbeitete Formular (s. u.) enthält die Angabe über die gemäß § 618 BGB i. V. m. § 5 ArbSchG für jeden Arbeitsplatz anzufertigende Gefährdungsbeurteilung. Damit dient die Stellenbeschreibung auch dem Arbeitsschutz.

Das Stellenbeschreibungsformular

Die nachfolgenden Seiten zeigen ein aktuelles Stellenbeschreibungsformular.

Unternehmen/Dienststelle

Stellenbeschreibung

1. Organisatorische Eingliederung der Stelle

1.1 Organisationseinheit: ______________________

(Fachbereich/Abteilung/Team)

1.2 Stellenbezeichnung: ______________________

1.3 Stellennummer: ______________________

1.4 Unterstellung:

1.4.1 fachlich: ______________________

1.4.2 disziplinarisch: ______________________

(Angabe der unmittelbar vorgesetzten Stelle/n)

1.5 Überstellung: *(Angabe der ständig unmittelbar unterstellten Stellen)*

fachlich	*disziplinarisch*	*Anzahl*	*Stellenanteil*	*Stellenbezeichnung*	*Stellennummer*

1.6 Stellvertretung

1.6.1 Aktive Stellvertretung *(= der Stelleninhaber vertritt)*:

a) ständig / b) in Abwesenheit	*Stellenbezeichnung*	*Stellen-nummer*	*Vertretungsbereiche (Eintragen der lfd. Nr. gem. 4. Tätigkeitsbeschreibung)*

1.6.2 Passive Stellvertretung *(= der Stelleninhaber wird vertreten durch)*:

a) ständig / b) in Abwesenheit	*Stellenbezeichnung*	*Stellen-nummer*	*Vertretungsbereiche (Eintragen der lfd. Nr. gem. 4. Tätigkeitsbeschreibung)*

2. Arbeitszeit/Beschäftigungsumfang der Stelle

☐ Vollzeit ☐ Teilzeit mit ☐ ______ % Anteil Vollzeit

☐ ______ Wochenstunden

3. Ziel(e) der Stelle

(Angabe der zu erreichenden Ziele/Arbeitsergebnisse)

9

Die männliche Sprachform erfasst alle Geschlechter (männlich, weiblich, divers) gleichermaßen.

Seite 2 – Stellenbeschreibung: <Stellenbezeichnung>, Stellennummer: < Stellennummer >

4. Tätigkeitsbeschreibung

Lfd. Nr.	**a)** Beschreibung der Arbeitsvorgänge gem. § 12 TVöD-Bund *(Angabe der wesentlichen inhaltlichen Arbeitsschritte zur Zielerreichung)* **b)** einzusetzende Kenntnisse und Vorschriften *(mit Angabe der Paragraphen/Abschnitte etc. bei Gesetzen, Verordnungen, internen Richtlinien, etc.)*	**Zeit-anteil in %**
4.1	**a)** **b)**	
4.2	**a)** **b)**	
4.3	**a)** **b)**	
4.4	**a)** **b)**	

5. Befugnisse

5.1 Unterschrifts- und Feststellungsbefugnisse:

(Unterschriftsberechtigungen nach innen [wie z. B. Zeichnung der fachtechnischen und sachlichen Richtigkeit] und außen [wie z. B. Handlungsvollmacht, Prokura])

5.2 Entscheidungsbefugnisse:

(Fällen von Sachentscheidungen durch Ausfüllen von Ermessens-, Beurteilungs-, Gestaltungsspielräumen)

5.3 Weisungsbefugnisse:

(Rechte zur Bestimmung des Verhaltens und Handelns anderer Stellen; ggü. den gem. 1.5 zugeordneten Stellen bzw. im Einzelfall)

9

Die männliche Sprachform erfasst alle Geschlechter (männlich, weiblich, divers) gleichermaßen..

Seite 3 – Stellenbeschreibung: <Stellenbezeichnung>, Stellennummer: < Stellennummer >

6. Erforderliche berufliche Qualifikation(en) und Erfahrung(en)
(berufsbildender Abschluss, Prüfungen, mehr-/langjährige Berufserfahrung)

bzw. vergleichbare Kenntnisse/Fähigkeiten und Erfahrungen

7. Personalwirtschaftliche Angaben

7.1 ☐ Erstellt (Erstfassung-Version 1) / ☐ Geänderte Fassung, Version: ____
Datum: Ort, den ______ von: ____________________
(zuständiger Mitarbeiter der Personalabteilung)

7.2 In-Kraft-Treten:
Datum: Ort, den ______ Unterschrift: ____________________
(Personalleitung)

____
(Dienststellen-/Unternehmensleitung)

7.3 Kenntnisnahme des Stelleninhabers:
Ich habe die von mir regelmäßig auszuübenden Tätigkeiten gemäß vorliegender Stellenbeschreibung zur Kenntnis genommen. Darüber hinaus sind die weiterführenden Informationen des Vorgesetzten zu beachten.
Mir ist darüber hinaus bekannt, dass ich verpflichtet bin, relevante Informationen dem zuständigen Vorgesetzten rechtzeitig und der Situation angemessen weiterzugeben und auf Weisung des Vorgesetzten Einzelaufträge auszuführen, die dem Wesen nach zu meinem Tätigkeitsgebiet gehören oder sich aus der dienstlichen/betrieblichen Notwendigkeit ergeben.
Datum: Ort, den ______ Unterschrift: ____________________
(Stelleninhaber)

7.4 Kenntnisnahme der vorgesetzten Stelle/n (siehe 1.4):
Datum: Ort, den ______ Unterschrift: ____________________
(zu 1.4.1)

____
(zu 1.4.2)

7.5 Gefährdungsbeurteilung zum Arbeitsplatz
☒ durchgeführt (s. Anhang)

9

Die männliche Sprachform erfasst alle Geschlechter (männlich, weiblich, divers) gleichermaßen.

(vgl. Gamisch/Mohr, StB, Kapitel 7.1)

3. Die Bewertung der Stelle

Unter einer Stellenbewertung ist die Zuordnung der anhand der Stellenbeschreibung festgestellten Arbeitsvorgänge unter die einschlägigen Tätigkeitsmerkmale der Entgeltordnung zu verstehen. Sie bildet die Grundlage für die Eingruppierung des Beschäftigten (vgl. BAG 17.11.2010, 7 ABR 123/09, AP Nr. 47 zu § 99 BetrVG 1972). Da Stellenbewertungen funktions- und nicht personenbezogen sind, liegt keine Eingruppierung vor (vgl. BAG 12.12.1995, 1 ABR 31/95, AP Nr. 6 zu § 99 BetrVG 1972).

Bewertungsschritte

1. Feststellen der erforderlichen fachlichen Qualifikationen (Abschlüsse, praktische Erfahrungen)
2. Bildung von Arbeitsvorgängen gemäß § 12 TVöD-Bund
3. Prüfung und Zuordnung jedes Arbeitsvorgangs unter die Tätigkeitsmerkmale der Anlage 1 des TV EntgO Bund
4. ggf. zusammenfassende Betrachtung
5. ggf. erneute Einzelbewertung der Arbeitsvorgänge?

Zu 1: Feststellen der erforderlichen fachlichen Qualifikationen

Da die Eingruppierungsregeln an vielen Stellen direkt oder indirekt Fachlichkeit an Qualifikationsanforderungen festmachen, sind diese zunächst festzustellen (zu den Einzelheiten siehe auch Kapitel 3.7). Diese können regelmäßig durch Vergleich der Berufsbilder mit den in der Stellenbeschreibung beschriebenen Tätigkeiten, Fachkenntnissen und Befugnissen ermittelt werden.

Praxis-Tipp:
Informationen über alle Berufsbilder und ggf. weiterführende Informationen sind bei der offiziellen Informationsplattform der Bundesagentur für Arbeit abrufbar unter: www.berufenet.arbeitsagentur.de

Zu 2: Bildung von Arbeitsvorgängen gemäß § 12 TVöD-Bund

Zur Bildung von Arbeitsvorgängen siehe Kapitel 2.5.

Zu 3: Prüfung und Zuordnung jedes Arbeitsvorgangs unter die Tätigkeitsmerkmale des TV EntgO Bund

Bei der praktischen Umsetzung gilt es, diesen tariflichen Grundsatz zu beachten:

Protokollerklärung zu § 12 Abs. 2 TVöD-Bund

[2]Jeder einzelne Arbeitsvorgang ist als solcher zu bewerten **und darf dabei hinsichtlich der Anforderungen zeitlich nicht aufgespalten werden**.

(Hervorhebungen durch die Verfasser)

Danach ist zunächst zu prüfen, unter welchen Teil der Anlage 1 die einzelnen Arbeitsvorgänge fallen.

Dann ist jeder Arbeitsvorgang innerhalb des jeweiligen Teils daraufhin zu prüfen, welche konkreten Tätigkeitsmerkmale erfüllt sind und warum. Dies geschieht unter Anwendung der in den o. g. Kapiteln ausführlich dargestellten Rechtsprechung und Literatur.

Im Rahmen dieser Prüfung stellen die Bewerter nicht selten fest, dass innerhalb einer Arbeitseinheit/eines Arbeitsvorgangs (zu den Begriffen siehe Kapitel 2.5), nicht jede Einzeltätigkeit bzw. nicht jeder einzelne Arbeitsschritt die tariflichen Anforderungen einer bestimmten Entgeltgruppe erfüllt.

Beispiel 1:

Wohngeldsachbearbeitung

Aufbauend auf der Ermittlung von Zeitanteilen fertigte der Arbeitgeber folgende Stellenbeschreibung aus und trennte dabei die Bearbeitung einfacher und **schwieriger** Sachverhalte:

1. Beratung und Erteilung von Auskünften zur Antragstellung und Durchführung von Überschlagsberechnungen eines Anspruchs auf Mietzuschuss und Lastenzuschuss

   Zeitanteil: 27 Prozent

2. Erstanträge

2.1 Bearbeitung und abschließende Entscheidung der Erstanträge auf Mietzuschuss und Lastenzuschuss unter Anwendung der gesetzlichen Regelungen

9

- Antragserfordernis und Antragsberechtigung
- Antragsüberprüfung
- Einkommensermittlung (Einkommensberechnung unter besonderer Beachtung des § 29 WoGG sowie Ermittlung von Freibeträgen und pauschalen Abzügen)
- Belastungsberechnung (Ermittlung der wohngeldfähigen Miete, eigengenutzter Wohnfläche/Mehrfamilienhäuser, Ermittlung der anrechenbaren Fremdmittel/ Lastenzuschuss Belastungsberechnungen)
- Erteilen von Wohngeldbescheiden
- Aktenablage

Zeitanteil: 13 Prozent

2.2 Bearbeitung und abschließende Entscheidung der Erstanträge auf Mietzuschuss und Lastenzuschuss mit **schwierigen** Sachverhalten unter Anwendung der gesetzlichen Regelungen

- Antragserfordernis und Antragsberechtigung
- Antragsüberprüfung
- Einkommensermittlung (Einkommensberechnung unter besonderer Beachtung des § 29 WoGG sowie Ermittlung von Freibeträgen und pauschalen Abzügen)
- Einkommensermittlung mit zeitaufwendigen Plausibilitätsprüfungen und unter Anwendung des gesetzlichen Ermessens
- Ermittlung des Einkommens Selbständiger
- Belastungsberechnung (Ermittlung der wohngeldfähigen Miete, eigengenutzter Wohnfläche/Mehrfamilienhäuser, Ermittlung der anrechenbaren Fremdmittel/ Lastenzuschuss Belastungsberechnungen)
- Erteilen von Wohngeldbescheiden
- Aktenablage

Zeitanteil: 6 Prozent

3. Folgeanträge

3.1 Bearbeitung und abschließende Entscheidung der Erstanträge (es müsste Folgeanträge heißen; *Anmerkung der Verfasser*) auf Mietzuschuss und Lastenzuschuss unter Anwendung der gesetzlichen Regelungen

- Antragserfordernis und Antragsberechtigung
- Antragsüberprüfung
- Einkommensermittlung (Einkommensberechnung unter besonderer Beachtung des § 29 WoGG sowie Ermittlung von Freibeträgen und pauschalen Abzügen)
- Einkommensermittlung mit zeitaufwendigen Plausibilitätsprüfungen und unter Anwendung des gesetzlichen Ermessens
- Erteilen von Wohngeldbescheiden bzw. Aufhebung von Wohngeldbescheiden
- Aktenablage

Zeitanteil: 30 Prozent

3.2 Bearbeitung und abschließende Entscheidung der Erstanträge (*es müsste Folgeanträge heißen; Anmerkung der Verfasser*) auf Mietzuschuss und Lastenzuschuss mit **schwierigen** Sachverhalten unter Anwendung der gesetzlichen Regelungen

- Antragserfordernis und Antragsberechtigung
- Antragsüberprüfung
- Einkommensermittlung (Einkommensberechnung unter besonderer Beachtung des § 29 WoGG sowie Ermittlung von Freibeträgen und pauschalen Abzügen)
- Einkommensermittlung mit zeitaufwendigen Plausibilitätsprüfungen und unter Anwendung des gesetzlichen Ermessens
- Ermittlung des Einkommens Selbständiger
- Belastungsberechnung (Ermittlung der wohngeldfähigen Miete, eigengenutzter Wohnfläche/Mehrfamilienhäuser, Ermittlung der anrechenbaren Fremdmittel/Lastenzuschuss Belastungsberechnungen)

- Erteilen von Wohngeldbescheiden bzw. Aufhebung von Wohngeldbescheiden
- Aktenablage

Zeitanteil: 16 Prozent

4. Rückforderungen zu Unrecht erbrachter Leistungen oder Überzahlungen
   - Vorbereitung Stundungsvereinbarungen
   - Ratenzahlungsvereinbarungen
   - Überwachung der Zahlungseingänge und eventuell Mahnverfahren
   - Einleitung von Insolvenzverfahren

   Zeitanteil: 3 Prozent

5. Widerspruchsbearbeitung (Überprüfung des Widerspruchsanliegens und Zuarbeiten für den Sachgebietsleiter, Vorbereitung und Einladung zur Anhörung; Erläuterung der Entscheidung und des Verwaltungsrechtswegs)

   Zeitanteil: 2 Prozent

6. Sonstiges: Abklärungen und Rücksprachen mit Arbeitsagenturen

   Zeitanteil: 3 Prozent

(BAG 23.09.2009, 4 AZR 308/08, AP Nr. 40 zu §§ 22, 23 BAT-O; *Hervorhebungen durch die Verfasser)*

Bildung von Arbeitsvorgängen

§

BAG vom 23.09.2009

21 bb) Das LAG hat die von dem Bekl. vorgenommene Differenzierung der Bearbeitung und abschließenden Bescheidung von Wohngeldanträgen durch die Klägerin nach einfachen und schwierigen Sachverhalten rechtsfehlerfrei abgelehnt.

9

22 (1) Das LAG hat die einzelnen Arbeitsschritte der Wohngeldsachbearbeitung durch die Klägerin festgestellt. Hinsichtlich der Prüfung der Antragsberechtigung ist es davon ausgegangen, dass dabei regelmäßig Tatsachenermittlungen anfallen, Bewertungen anzustellen sind und ergänzende Schlussfolgerungen gezogen werden. Bei der Ermittlung des Einkommens müssen danach etwaige zusätzliche Erkundungen eingeholt und notwendige Folgeentscheidungen getroffen werden. Bei der Bemessung des Bewil-

ligungszeitraums werden Abwägungen und Einzelfallbetrachtungen notwendig. Aus der Vielzahl der Bearbeitungsvarianten hat das LAG gefolgert, dass keine tatsächliche Möglichkeit besteht, die Sachverhalte trennscharf in „einfache" und „schwierige" aufzuteilen, und hat eine Unterscheidungsmöglichkeit allenfalls anhand einer Skala von je unterschiedlich schwierigen Fallgruppen und hierzu zu bildenden Untergruppen angenommen. Dabei ergibt sich eine Einordnung der jeweils zu behandelnden Sache nach den Feststellungen des LAG erst im Lauf der Prüfungstätigkeit und kann nicht bereits vor Beginn der Antragsbearbeitung abschließend festgelegt werden. Daraus ergebe sich die Zusammenfassung der Antragsbearbeitung, gleich welchen Schwierigkeitsgrades, zu einem Arbeitsvorgang.

23 (2) Diese Erwägungen sind rechtsfehlerfrei.

(...)

Das Arbeitsergebnis der Tätigkeit der Klägerin ist die Erstellung von Wohngeldbescheiden, nicht die Erstellung von Wohngeldbescheiden in schwierigen oder in einfachen Fällen

(...)

Die Bestimmung der Arbeitsvorgänge der Klägerin durch das LAG ist im Ergebnis nicht zu beanstanden. Dabei kann zu Gunsten des Bekl. unterstellt werden, dass die Bearbeitung von Erst- und Folgeanträgen jeweils einen eigenen Arbeitsvorgang bilden. Die vom LAG vorgenommene Zusammenfassung jeweils aller Erstanträge und aller Folgeanträge, gleich welchen Schwierigkeitsgrades, ist rechtsfehlerfrei.

(...)

Ob die im Weiteren vom LAG vorgenommene Bestimmung zweier tariflich voneinander unterscheidbarer Arbeitsvorgänge in der Bearbeitung von einerseits Erst- und andererseits Folgeanträgen auf Bewilligung von Wohngeld tatsächlich zutreffend ist oder ob nicht auch diese beiden Tätigkeitsschritte als einheitlicher Arbeitsvorgang zu bestimmen sind, muss nicht entschieden werden. Denn auch wenn zu Gunsten des Beklagten mit dem LAG davon ausgegangen wird, dass die Bearbeitung von Erst- und Folgeanträgen zwei verschiedene Arbeitsvorgänge sind, erfüllen sie die Voraussetzungen der Vergütungsgruppe Vc Fallgruppe 1 b der Anlage 1 a zu § 22 BAT-O (VKA).

(BAG 23.09.2009, 4 AZR 308/08, AP Nr. 40 zu §§ 22, 23 BAT-O)

Tarifliche Bewertung von Wohngeldsachbearbeitung

Gründliche und vielseitige Fachkenntnisse liegen vor:

BAG vom 23.09.2009

Die Klägerin hat bei der Bearbeitung von Erst- und Folgeanträgen auf Wohngeld alle einschlägigen Vorschriften des Wohngeldrechts, mehrere Bücher des Sozialgesetzbuchs, Teile des BGB sowie des Einkommensteuer- und des Ordnungswidrigkeitenrechts und des Kindergeldrechts zu berücksichtigen. Die Verwendung von Antragsformularen schließt die Notwendigkeit, ganz besondere Rechtskenntnisse anzuwenden ebenso wenig aus, wie die Verwendung eines EDV-Programms zur Überwachung von Fristen und Zahlungen sowie der Erstellung von Bescheiden (BAG 2. 12. 1992 – 4 AZR 140/92 – ZTR 1993, ZTR Jahr 1993 Seite 204). Das gleiche gilt hinsichtlich zusätzlicher Verwaltungsvorschriften. Hiervon geht auch der Bekl. aus.

(BAG 23.09.2009, 4 AZR 308/08, AP Nr. 40 zu §§ 22, 23 BAT-O)

Selbständige Leistungen liegen vor:

BAG vom 23.09.2009

Soweit die Wohngeldantragsbearbeitung sich mit schwierigen Sachverhalten auseinanderzusetzen hat, sieht auch die Bekl. das Merkmal der „selbständigen Leistungen" als erfüllt an.

33 (a) Nach dem unstreitigen Parteivorbringen hat die Kl. Nachforschungen im Zuge der Einkommensermittlung anzustellen, wenn Einkunftsangaben im deutlichen Missverhältnis zum eigentlichen Lebensbedarf stehen oder sonst wie unplausibel erscheinen. Dies eröffnet Handlungsspielräume sowohl im „ob" als auch im „wie" der anzustellenden Sachverhaltsermittlungen und ist folglich selbständige Tätigkeit. Das gleiche gilt für Recherchen oder Einschätzungen, die bei der Bewertung von Ausschlussgründen nach § 18 WoGG a. F. für Wohn- und Wirtschaftsgemeinschaften oder bei der Berücksichtigung vorübergehend abwesender Personen vorzunehmen sind. Ebenfalls als selbständige Leistungen erscheinen gänzliche Einkommensschätzungen, wenn keine hinreichenden Anhaltspunkte zum wirklichen Einkommen vorliegen. Darüber hinaus ergeben sich unstreitig bei der Behandlung von Mischeinkünften, beim Ehegattenunterhalt und bei Selbständigeneinkommen problembehaftete und nur mit besonderem geistigem Aufwand zu bewältigende Vorgänge. Hinzu kommt schließlich, dass auch die Entscheidung über einen vom gesetzlichen Regelfall des § 27 WoGG a. F. abweichenden Bewilligungszeitraum eine Ausübung pflichtgemäßen Ermessens erfordert, die als selbständige Leistung zu verstehen ist. Auch die zwischenzeitlich erfolgte Novellierung des Wohngeldgesetzes nebst Rechtsverordnungen und Verwaltungsvorschriften hat an diesen notwendigen Sachbearbeitertätigkeiten nichts geändert.

(BAG 23.09.2009, 4 AZR 308/08, AP Nr. 40 zu §§ 22, 23 BAT-O)

Folge für die Bewertung/Anerkennung selbständiger Leistungen

BAG vom 23.09.2009

Zur Erfüllung der tariflichen Anforderung genügt es allerdings, wenn selbständige Leistungen innerhalb des Arbeitsvorgangs in rechtlich erheblichem Ausmaß vorliegen. Nicht erforderlich ist, dass die selbständigen Leistungen innerhalb eines Arbeitsvorgangs in dem von § 22 Abs. 2 Unterabs. 2 und 4 BAT/BAT-O bestimmten Maß anfallen.

> (...)
>
> 34 (b) Die Annahme des LAG, dass diese selbständigen Leistungsinhalte einen rechtserheblichen Umfang ausmachen, begegnet keinen Bedenken. Ausgehend von der Stellenbeschreibung des Bekl. entfallen auf die Bearbeitung von Erstanträgen 19 Prozent und auf die Bearbeitung von Folgeanträgen 46 Prozent der Arbeitszeit der Kl. In diesen beiden Komplexen sind – wiederum nach der Stellenbeschreibung des Bekl. – jeweils etwa zu einem Drittel schwierige Sachverhalte gegeben, die selbständige Leistungen der Kl. erfordern. Diese Anteile in den jeweiligen Arbeitsvorgängen reichen aus, um dem gesamten jeweiligen Arbeitsvorgang seine tarifliche Wertigkeit zu geben. Der Senat hat dies schon für deutlich geringere Zeitanteile entschieden. (...)
>
> (BAG 23.09.2009, 4 AZR 308/08, AP Nr. 40 zu §§ 22, 23 BAT-O)

Für den vorliegenden Fall ist das rechtserhebliche Ausmaß also gegeben.

Tabellarische Darstellung des Bewertungsergebnisses			
Arbeitsvorgänge		**erfüllte Anforderungen je Arbeitsvorgang**	
Arbeits-vorgang	**Zeitanteil**	**gründliche und vielseitige Fachkenntnisse**	**selbständige Leistungen**
Erstanträge	19 %	19 %	19 %
Folgeanträge	46 %	46 %	46 %
gesamt	**65 %**	**65 %**	65 %

Insgesamt liegen zu 65 Prozent gründliche und vielseitige Fachkenntnisse vor und zu 65 Prozent selbständige Leistungen. Damit werden im Vergleich zu den Allgemeinen Tätigkeitsmerkmalen der neuen Entgeltordnung die Anforderungen an die Entgeltgruppe 9a Teil A Abschnitt I. Ziffer 3. Anlage 1 TVöD-VKA erfüllt.

Zu 4: ggf. zusammenfassende Betrachtung

Die Stellenbewertung kann sich schwierig gestalten, wenn auf der Stelle verschiedene Arbeitsvorgänge mit unterschiedlichen tariflichen Anforderungen und Wertigkeiten anfallen. Man spricht dann von sogenannten Mischtätigkeiten. In diesen Fällen fordert § 12 Abs. 1 Satz 3 TVöD-Bund eine zusammenfassende Betrachtung (zu den Einzelheiten siehe auch Kapitel 2.7).

Beispiel 2:

Tabellarische Darstellung der Bewertungsergebnisse der einzelnen Arbeitsvorgänge				
Arbeitsvorgänge		**erfüllte Anforderungen je Arbeitsvorgang**		
Nr. des Arbeitsvorgangs	**Zeitanteil**	**gründliche Fachkenntnisse**	**vielseitige Fachkenntnisse**	**selbständige Leistungen**
1.	15 %	15 %	0 %	15 %
2.	20 %	20 %	0 %	20 %
3.	30 %	30 %	0 %	0 %
4.	35 %	0 %	0 %	0 %
gesamt	**100 %**	**65 %**	**0 %**	**35 %**

Bei zusammenfassender Betrachtung der Arbeitsvorgänge 1. bis 3. können sich durch den in allen drei Arbeitsvorgängen insgesamt gesteigerten Umfang vielseitige Fachkenntnisse ergeben, so dass in diesem Beispiel zu 65 Prozent der Gesamtarbeitszeit die Anforderungen an gründliche und vielseitige Fachkenntnisse erfüllt werden.

Zu 5: ggf. erneute Einzelbewertung der Arbeitsvorgänge?

Für das Beispiel 2 stellt sich nun die Frage, ob die selbständigen Leistungen der Arbeitsvorgänge 1 und 2 ebenfalls noch einmal in einem 5. und letzten Bewertungsschritt mitberücksichtigt werden müssen. Dieses Vorgehen bejahte die Rechtsprechung regelmäßig (vgl. z. B. BAG 25.11.1981, 4 AZR 305/79, AP Nr. 51 zu §§ 22, 23 BAT 1975; BAG 28.04.1982, 4 AZR 707/79, AP Nr. 62 zu §§ 22, 23 BAT 1975; BAG 18.07.1990, 4 AZR 25/90, AP Nr. 151 zu §§ 22, 23 BAT 1975; LAG Hamm 17.01.2001, 18 Sa 1411/00, zit. nach WKRS 2001, 10733; LAG Hamm 06.02.2002, 18 Sa 1139/01, zit. nach WKRS 2002, 26430).

9 An dieser Möglichkeit hält das BAG nicht mehr fest (BAG 22.02.2017, 4 AZR 514/16, AP Nr. 336 zu §§ 22, 23 BAT 1975). Selbständige Leistungen können danach nur im Rahmen von Arbeitsvorgängen anfallen, die für sich genommen gründliche und vielseitige Fachkenntnisse erfordern. Das selbständige Erarbeiten eines Ergebnisses baut auf den dazu erforderlichen gründlichen und vielseitigen Fachkennt-

nissen auf, das heißt es muss diesen vorausgesetzten Fachkenntnissen entsprechen. Damit schließt sich das BAG der Auslegung der Literatur und der Arbeitgebervertreter an (Uttlinger/Breier/Kiefer/Hoffmann/Dassau, BAT Stand: 1/2017 § 22 Erl. 6 unter Verweis auf die Stellungnahme des Arbeitgeberkreises der BAT-Kommission). Eine Auseinandersetzung mit der früheren – anderen Auffassung der Senatsrechtsprechung (s. o.) – lässt sich der Urteilsbegründung nicht entnehmen (vgl. BAG 22.02.2017, 4 AZR 514/16, AP Nr. 336 zu §§ 22, 23 BAT 1975).

4. Die Eingruppierung des Beschäftigten

Eingruppierung ist die Zuordnung eines Beschäftigten aufgrund der von ihm vertragsgemäß auszuübenden Tätigkeit zu einer bestimmten Entgeltgruppe der in der Dienststelle/im Betrieb geltenden Entgeltordnung (vgl. ständige Rechtsprechung des BAG, z. B. BAG 14.04.2015, 1 ABR 66/13, AP Nr. 143 zu § 99 BetrVG 1972). Dabei wird überprüft, ob der Stelleninhaber die in der Stellenbeschreibung genannten Qualifikationen vorweisen kann. Ist das nicht der Fall, wird die Eigenschaft des sonstigen Beschäftigten geprüft (vgl. Kapitel 5.4). Erfüllt der Arbeitnehmer die Anforderungen, ist er in die Entgelt- und ggf. Fallgruppe eingruppiert, die im Rahmen der Stellenbewertung festgestellt wurde. Mit dieser Regelung verfolgen die Tarifvertragsparteien das Ziel, berufliches Erfahrungswissen und formale (Aus-)Bildungsabschlüsse gleichzustellen.

Praxis-Tipp:

Erfüllt er die Anforderungen an den Sonstigen nicht, wird der Mitarbeiter eine Entgeltgruppe niedriger eingruppiert (siehe § 12 TV EntgO Bund).

5. Umgruppierung und Übertragung höherwertiger Tätigkeiten

Umgruppierung

Als Umgruppierung wird jede Änderung der Eingruppierung des Mitarbeiters nach der für den Betrieb/die Dienststelle geltende Entgeltordnung bezeichnet. Dabei kann es sich um eine Höhergruppierung oder Herabgruppierung handeln. Beiden Unterfällen ist gemein, dass die übertragenen Aufgaben nicht bzw. nicht mehr den Tätigkeitsmerkmalen der Entgeltgruppe entsprechen, in die der Beschäftigte bisher zugeordnet war (vgl. z. B. BAG 29.01.2020, 4 ABR 8/18, AP Nr. 166 zu § 99 BetrVG 1972).

Höhergruppierung

Die Höhergruppierung ist die Einreihung des Beschäftigten in eine höhere Entgeltgruppe. Dafür kann es unterschiedliche Gründe geben:

- Übertragung einer anderen, höherwertigen auszuübenden Tätigkeit durch den Arbeitgeber
- Korrektur einer zu niedrigen Eingruppierung (sog. korrigierende Höhergruppierung)

Für die Höhergruppierung gilt das oben zum Grundsatz der Tarifautomatik Gesagte (siehe Kapitel 2.3). Mit der Höhergruppierung erfolgt kein Gestaltungsakt, sondern lediglich ein „Akt der Rechtsanwendung". Für die Herabgruppierung existieren zwei Gründe:

- Übertragung einer anderen, niederwertigen Tätigkeit durch den Arbeitgeber
- Korrektur einer zu hohen Eingruppierung (sog. korrigierende Herabgruppierung)

9

Niederwertige Tätigkeiten dürfen dem Beschäftigten grundsätzlich nicht im Rahmen des Direktionsrechts dauerhaft übertragen (angewiesen) werden. Deren dauerhafte Übertragung kann deshalb nur über eine einvernehmliche Vertragsänderung oder eine Änderungskündigung erfolgen. Bei der Änderungskündigung ist der Änderungskündigungsschutz des § 2 KSchG zu beachten.

Korrigierende Herabgruppierungen erfolgen demgegenüber grundsätzlich über das Direktionsrecht gemäß § 106 GewO. Nur in

Ausnahmefällen ist eine Änderungskündigung erforderlich. Voraussetzung ist aber, dass der Arbeitgeber einen Irrtum (objektiven Anwendungsfehler) bei der Anwendung der Eingruppierungsvorschriften des TVöD-Bund und/oder TV EntgO Bund darlegen und beweisen kann. Es gelten die Grundsätze, die die Rechtsprechung zum BAT entwickelt hat (zu den Einzelheiten siehe auch Gamisch/Mohr, gEG, IV B.13.3).

Vorübergehende Übertragung höherwertiger Tätigkeiten

Der Arbeitnehmer ist grundsätzlich nur verpflichtet, Tätigkeiten seiner Entgeltgruppe auszuführen. Die Übertragung niederwertiger Tätigkeiten ist nur in sehr engen Grenzen möglich. Das würde entsprechend für höherwertige Tätigkeiten gelten. § 14 TVöD-Bund eröffnet aber zum Beispiel die Möglichkeit, höherwertige Tätigkeiten vorübergehend zu übertragen.

Gegenüber dem Vorbild des § 24 BAT ist die Vorschrift gestrafft worden: Eine Unterscheidung der sachlichen Gründe (Vertretung oder andere Gründe) wird nicht mehr getroffen.

Das BAG hat seine Rechtsprechung aufgegeben, wonach für die Übertragung ein sachlicher Grund erforderlich ist. Die Rechtmäßigkeit der Übertragung muss nunmehr einer doppelten Billigkeitsprüfung im Sinne des § 315 BGB standhalten:

Das billige Ermessen der Ausübung des Direktionsrechts muss sich auf die Tätigkeitsübertragung „an sich" und die „Nicht-Dauerhaftigkeit" der Übertragung beziehen („doppelte Billigkeit"; siehe BAG 16.04.2015, 6 AZR 242/14, AP Nr. 2 zu § 14 TVöD). Den Arbeitnehmer trifft unter diesen Voraussetzungen eine Loyalitätspflicht, die Tätigkeiten auszuüben. Sofern dies einen Monat erfolgt, erhält der Arbeitnehmer eine Zulage.

Die Vorschrift trifft keine ausdrückliche zeitliche Begrenzung für die Übertragung. Das BAG hat in einem Fall zum vergleichbaren § 24 BAT entschieden, dass **keine** zeitliche Grenze, wie lange eine „vorübergehende Übertragung" andauern kann, besteht (vgl. BAG 17.04.2002, 4 AZR 174/01, AP Nr. 23 zu § 24 BAT m. w. N.; BAG 14.12.2005, 4 AZR 474/04, AP Nr. 26 zu § 24 BAT m. w. N.).

Für die Anwendung des § 14 TVöD-Bund ist keine Form vorgeschrieben. Die Übertragung kann schriftlich, mündlich oder durch konkludentes (schlüssiges) Verhalten erfolgen. Für den Arbeitnehmer muss deutlich erkennbar sein, dass die Tätigkeit nur vorübergehend ausgeübt wird (vgl. z. B. BAG 16.04.2015, 6 AZR 242/14, AP Nr. 2 zu § 14 TVöD). Da die Übertragung im Wege des Direktionsrechts gemäß § 106 GewO erfolgt, ist eine vertragliche Vereinbarung verfehlt.

Praxis-Tipp:

Eine schriftliche Übertragung sowie einschränkende Zusätze (z. B. „gemäß § 14 TVöD-Bund" bzw. „... für die Dauer der Arbeitsunfähigkeit des ...") verdeutlichen die zeitliche Begrenzung.

Die Übertragung gemäß § 14 TVöD-Bund unterliegt gemäß § 75 Abs. 1 Nr. 2 BPersVG der Mitbestimmung des Personalrats. In der Vergangenheit wurde die Ansicht vertreten, die Beendigung der vorübergehenden Übertragung einer höherwertigen Tätigkeit sei mitbestimmungsfrei (vgl. Breier/Dassau/Kiefer, TVöD, § 14 Rn. 66). Demgegenüber hat das VG Halle die Ansicht vertreten, die Rücknahme sei eine mitbestimmungspflichtige Neu-Eingruppierung (vgl. VG Halle 21.05.2012, 10 A 1/12 HAL, n. v.). Das OVG Sachsen-Anhalt hat diese Entscheidung bestätigt (vgl. OVG Sachsen-Anhalt 12.06.2013, 6 L 3/12, zum BPersVG, rkr., n. v.).

Die Mitbestimmung

1. Personal- und Betriebsrat

Eingruppierung im Sinne des Tarifrechts umfasst die Zuordnung des Beschäftigten anhand seiner Tätigkeiten unter die Tätigkeitsmerkmale der Entgeltordnung (§ 12 TVöD-Bund). Im Rahmen der Mitbestimmungsgesetze stellt die Eingruppierung einen eigenen Mitbestimmungstatbestand dar. Dabei wird der Begriff der Eingruppierung weiter gefasst. Eingruppierung bedeutet hier die Einsortierung des Beschäftigten in ein kollektives Entgeltschema (zum BPersVG: BVerwG 22.10.2007, 6 P 1.07; zum BetrVG: BAG 17.11.2021, 7 ABR 43/19, AP Nr. 173 zu § 99 BetrVG 1972).

Der Umfang der Beteiligungsrechte ist – unabhängig vom anzuwendenden Mitbestimmungssystem – grundsätzlich gleich. Im Detail bestehen aber Unterschiede (zum BetrVG siehe Fitting, § 99 Rn. 104 ff.; einführend zum Personalvertretungsrecht siehe Altvater/Baden/Baunack, § 75 Rn. 22 ff.).

Beteiligungstatbestände				
System	**Eingruppierung**	**Umgruppierung (Höher-/Herabgruppierung)**	**Übertragung höher/niedriger zu bewertender Tätigkeiten**	**Stelleninterview**
BetrVG	Mitbestimmung § 99 Abs. 1	Mitbestimmung § 99 Abs. 1	Mitbestimmung § 99 Abs. 1	Teilnahme § 82 Abs. 2
BPersVG	Mitbestimmung § 78 Abs. 1 Nr. 4	Mitbestimmung § 78 Abs. 1 Nr. 4	Mitbestimmung § 78 Abs. 1 Nr. 3	–

2. Der Weg zur Stellenbeschreibung und korrekten Eingruppierung

Stellenbeschreibungen unterliegen grundsätzlich nicht der Mitbestimmung des Personal-/Betriebsrats (vgl. Gamisch/Mohr, StB, Kapitel 10). Das BAG (20.04.2010, 1 ABR 85/08, NZA 2010, S. 1307) räumt dem Betriebsrat aus § 82 Abs. 2 Satz 1 BetrVG ein Beteiligungsrecht bei Stelleninterviews ein. Ob dieses Recht auch Personalräten zusteht, ist fraglich (vgl. Gamisch/Mohr, StI, Kapitel 8.1).

3. Eingruppierung

Wie bereits vorgestellt, wird unter dem Mitbestimmungstatbestand„Eingruppierung“ die Einordnung des einzelnen Arbeitnehmers in ein kollektives Entgeltschema verstanden (zum BPersVG: BVerwG 22.10.2007, 6 P 1.07; zum BetrVG: BAG 17.11.2021, 7 ABR 43/19 AP Nr. 173 zu § 99 BetrVG 1972). Zum Teil wird in diesem Zusammenhang auf die „erstmalige“ Zuordnung der vertraglich vereinbarten Arbeitsleistung zu einem kollektiven Entgeltsystem abgestellt. Es wurde aber klargestellt, dass eine mitbestimmungspflichtige Eingruppierung auch vorliegt, wenn sich die Arbeitsaufgaben im Verlauf des Arbeitsverhältnisses wesentlich ändern, so dass eine neue Eingruppierung erforderlich wird (sog. Umgruppierung; vgl. auch BAG 29.01.2020, 4 ABR 8/18, AP Nr. 166 zu § 99 BetrVG 1972 und zum Personalvertretungsrecht: BVerwG 08.11.2011, 6 P 23.10, Der Personalrat 2013, S. 25 f.). Der Begriff der Eingruppierung umfasst zunächst die Entgeltgruppe und auch die Bestimmung der Fallgruppe (vgl. BAG 21.03.2018, 7 ABR 38/16, AP Nr. 55 zu § 99 BetrVG 1972; BVerwG 08.11.2011, 6 P 24.10).

Praxis-Tipp:

Im Mitbestimmungsverfahren hat der Betriebsrat ein Mitbeurteilungsrecht, ob der Arbeitgeber den „Akt der Rechtsanwendung“ richtig vollzieht und die Tarifautomatik richtig anwendet (vgl. Gamisch/Mohr, Grundlagen, Kapitel 7.2).

Für die entsprechende Unterrichtung des Personal- bzw. Betriebsrats reicht eine Stellenbeschreibung allein nicht aus. Erforderlich ist darüber hinaus die Darstellung der auf die einzelnen Arbeitsvorgänge bezogenen Bewertungsüberlegungen gemäß § 22 BAT bzw.

§ 12 TV-L (vgl. zum BAT: Hess. VGH 06.11.2012, 22 A 2203/11.PV, Der Personalrat 2013, S. 330 ff.).

Aus der Sicht des Mitbestimmungsrechts ist zudem die Stufe innerhalb der Entgeltgruppe mitbestimmungspflichtig, soweit die Festlegung der Tarifautomatik und damit der reinen Rechtsanwendung unterliegt (zu den Einzelheiten siehe BVerwG 13.10.2009, 6 P 15.08; BVerwG 22.09.2011, 6 PB 15.11, ZTR 2012, S. 618; BAG 06.04.2011, 7 ABR 136/09, AP Nr. 135 zu § 99 BetrVG 1972; BAG 05.06.2014, 6 AZR 1008/12, zit. nach www.bundesarbeitsgericht.de/entscheidungen).

4. Umgruppierung

Der Mitbestimmung unterliegt die Umgruppierung (zum Begriff der Umgruppierung siehe Kapitel 9.5). So hat der Arbeitgeber den Betriebsrat vor jeder Umgruppierung zu unterrichten und unter Vorlage der erforderlichen Unterlagen Auskunft über die Auswirkungen der geplanten Maßnahme zu geben sowie dessen Zustimmung zu der geplanten Maßnahme einzuholen (§ 99 Abs. 1 Satz 1 BetrVG). Der Arbeitgeber muss den Betriebsrat so unterrichten, dass dieser auf Grund der mitgeteilten Tatsachen in die Lage versetzt wird zu prüfen, ob einer der in § 99 Abs. 2 BetrVG genannten Zustimmungsverweigerungsgründe vorliegt. Zu einer vollständigen Unterrichtung gehören daher die Angabe der bisherigen und der vorgesehenen Vergütungsgruppe sowie die Erläuterung der Gründe, weshalb der Arbeitnehmer anders als bisher eingruppiert ist (vgl. BAG 19.04.2012, 7 ABR 52/10, AP Nr. 60 zu § 99 BetrVG 1972).

Vergleichbares gilt auch für das Personalvertretungsrecht (siehe z. B. BVerwG 21.03.2005, 6 PB 8.04, AP Nr. 1 zu § 68 LPVG Mecklenburg-Vorpommern).

5. Aufgabenänderung ohne Auswirkungen auf die bisherige Eingruppierung

Fraglich ist, ob der Mitbestimmungstatbestand der Eingruppierung auch greift, wenn sich trotz geänderter Aufgaben und damit anderer prägender Tätigkeiten weder Entgelt- noch Fallgruppe ändert. Auch für diesen Fall hat das Bundesverwaltungsgericht die Mitbestimmung bejaht (BVerwG 08.11.2011, 6 P 23.10, Der Personalrat 2013, S. 25 f.).

Wird also einem Mitarbeiter ein geänderter Arbeitsplatz übertragen, sind unter Eingruppierungsgesichtspunkten drei Varianten möglich:

1. Höhergruppierung
2. Herabgruppierung
3. Bestätigung der bisherigen Eingruppierung

Wichtig: Nach der obigen Rechtsprechung des Bundesverwaltungsgerichts unterliegen alle drei Varianten der Mitbestimmung.

6. Vorübergehende Übertragung höherwertiger Tätigkeiten

Der Mitbestimmung unterliegt auch die vorübergehende Übertragung höherwertiger Tätigkeiten gemäß § 14 TVöD-Bund. Sie stellt eine Versetzung im Sinne der §§ 99, 95 Abs. 3 BetrVG (ebenso Dassau/Wiesend-Rothbrust, § 14 Rn. 7) oder die Übertragung einer höher zu bewertenden Tätigkeit (§ 75 Abs. 1 Nr. 2 BPersVG) dar (vgl. Gamisch/Mohr, gEG, IV E.3.1.4).

7. Stellenbewertungskommission

In diesem Zusammenhang hat sich die Arbeit mit paritätisch besetzten Stellenbewertungskommissionen bewährt. Darunter versteht man ein betriebliches Gremium, in dem Funktionsträger des Arbeitgebers (Personal-, Organisations-, Fachabteilung) und Mitglieder des Personal-/Betriebsrats vertreten sind (vgl. Gamisch, NEO, S. 120 ff.). Unseres Erachtens überwiegen die Vorteile, sofern die denkbaren Nachteile beachtet werden (einführend Gamisch/Mohr, StB, Kapitel 10.9, vertiefend Gamisch/Mohr, gEG, IV C.4, Gamisch, NEO, S. 120 ff.).

8. Schulungsanspruch

Grundvoraussetzung ist, dass alle Mitglieder der Bewertungskommission vergleichbare Kenntnisse des Eingruppierungsrechts haben.

Praxis-Tipp:
Ein „asymmetrischer Wissensstand" der Beteiligten macht eine konstruktive Zusammenarbeit unmöglich.

In diesem Zusammenhang ist darauf hinzuweisen, dass die Arbeitnehmervertretung einen Schulungsanspruch hinsichtlich des Eingruppierungsrechts hat. Das gilt für Seminare zur Stellenbeschreibung entsprechend. Je nach Ausgestaltung der Schulung kann es sich um Grund- oder Spezialschulungen handeln (BVerwG 14.06.2006, 6 P 13.05, Rn. 16, 22, zit. nach https://www.bverwg.de/de/140606B6P13.05.0; BVerwG 10.04.2019, 5 PB 21/18, Rn. 9 ff., zit. nach https://www.bverwg.de/de/100419B5PB21.18.0). Handelt es sich um Spezialschulungen, hat nicht jedes, sondern nur die im Gremium für diese Aufgabe zuständigen Mitglieder einen Anspruch (OVG NRW 19.04.2021, 20 A 78/19.PVL, zit. nach WKRS 2021, 19208).

Zulässige Schulungsthemen sind:

- Stellenbewertung und Eingruppierung nach der Entgeltordnung – hier zum TVöD-VKA – (Dauer: 4 Tage)

  (OVG NRW 19.04.2021, 20 A 781/19.PVL, zit. nach WKRS 2021, 19208)

- Nachweisgesetz (½ Tag)

  (ArbG Frankfurt/Main 29.04.1998, 9 BV 233/97, Arbeitsrecht im Betrieb 1998, S. 703)

- Personalplanung und Arbeitsorganisation

  (OVG Rheinland-Pfalz 09.04.1991, 4 A 11917/90, PersR 1992, S. 156; Nds. OVG 18.03.1992, 17 L 10/90, PersV 1994, S. 25)

- Gesprächs-, Diskussions-, Verhandlungsführung sowie Sprach- und Argumentationstechnik (z. B. für Stelleninterviews, für die Stellenbewertungskommission)

  (vgl. BAG 24.05.1995, 7 ABR 54/94, AP Nr. 109 zu § 37 BetrVG 1972; BAG 12.01.2011, 7 ABR 94/09, AP Nr. 150 zu § 37 BetrVG)

Schon im eigenen Interesse sollte der Arbeitgeber nicht an der Schulung der Arbeitnehmervertretung sparen. Dazu gehört, sich nicht auf „Low Budget-Schulungen" zu versteifen. Ein Lernen nach dem sogenannten Nürnberger Trichter wird keinen Erfolg haben. Lernen kann nicht in kürzester Zeit „erzeugt" werden. In der modernen Erwachsenenbildung bzw. Personalentwicklung spricht man in diesem Zusammenhang von der „Erzeugungsdidaktik", die keinen nachhaltigen Erfolg haben wird. Nach einer „Beamershow" im Schnell-Vortrag („200 Bilder in zwei Stunden": Aussage eines Seminarteilnehmers zu einer Veranstaltung zur Umstellung vom BAT auf den TVöD) wird der Beschäftigte – als zuständiger Sachbearbeiter in der Personalabteilung oder als Mitglied einer Stellenbewertungskommission – sicher nicht in der Lage sein, erfolgreich das neue Eingruppierungsrecht zu beherrschen. Den Gegenpol zur sogenannten Erzeugungsdidaktik bildet die „Ermöglichungsdidaktik" (vgl. Gamisch, NEO, S. 103 ff.; Gamisch/Mohr, gEG, IV E.3.1.6).

Literaturverzeichnis

Altvater, L./Baden, E./Baunack, S.: Bundespersonalvertretungsgesetz, Frankfurt/Main 2023

Bundesministerium des Innern, Rundschreiben EntgO vom 24.03.2014 i. d. F. der ersten Ergänzung vom 30.06.2014, D 5 – 31003/2#4, abrufbar unter: www.bmi.bund.de

Dannenberg, O.: Erläuterungen zu der Entgeltordnung des Bundes, PersR 2014, S. 20–28

Duden: Deutsches Universalwörterbuch, hrsg. von der Dudenredaktion, Berlin 2015

Effertz, J./Bach-Terhorst, A.: TVöD Bund Kommentar 2024, Regensburg 2024

Effertz, J./Bach-Terhorst, A.: TVöD Kommunen Kommentar 2024, Regensburg 2024

Effertz, J./Bach-Terhorst, A.: TV-L Kommentar 2024, Regensburg 2024

Eichhorn, P./Friedrich, P./Jann, W. (Hrsg.): Verwaltungslexikon, Baden-Baden 2003

Fieg, W./Rothländer, C.: Das ver.di-Modell einer Entgeltordnung zum TVöD und zum TV-L, ZTR 2008, S. 410–420

Fitting, K.: Betriebsverfassungsgesetz, München 2021

Gamisch, A.: Die neue Entgeltordnung erfolgreich vorbereiten, Köln 2017 (zit. als NEO)

Gamisch, A./Mohr, T.: Das gesamte Eingruppierungsrecht für den öffentlichen Dienst, Regensburg, Stand: August 2024 (zit. als gEG)

Gamisch, A./Mohr, T.: Das Stelleninterview zur Eingruppierung, Regensburg 2022 (zit. als StI)

Gamisch, A./Mohr, T.: Eingruppierung TV-L in der Praxis, Regensburg 2024 (zit. als EG TV-L)

Gamisch, A./Mohr, T.: Eingruppierung TVöD-VKA in der Praxis, Regensburg 2024 (zit. als EG TVöD-VKA)

Gamisch, A./Mohr, T.: Grundlagen der Eingruppierung TVöD und TV-L, Regensburg 2023 (zit. als Grundlagen)

Gamisch, A./Mohr, T.: Kommunaler Sozial- und Erziehungsdienst, Regensburg 2023 (zit. als TV SuE)

Gamisch, A./Mohr, T.: Stellenbeschreibung für den öffentlichen und kirchlichen Dienst, Regensburg 2023 (zit. als StB)

Geyer, M./Baschnagel, R.: Die Entgeltordnung zum TV-L, ZTR 2011, S. 331–338

Gröner, H./Fuchs-Brüninghoff, E.: Lexikon der Berufsausbildung, München 2004

Jahn, H.: Gestufte Studiengänge an deutschen Hochschulen, in: Welbers, U. (Hrsg.): Studienreform mit Bachelor und Master, Neuwied 2001, S. 128–142

Krämer, S./Reinecke, V.: Die Entgeltordnung des Bundes zum TVöD – die wichtigsten Neuerungen, ZTR 2014, S. 195–208

Krämer, S./Reinecke, V.: Die Entgeltordnung des Bundes zum TVöD. Rückblick auf die Entwicklung des Eingruppierungsrechts und erster Überblick über die Neuregelungen, ZTR 2014, S. 3–15

Mentzel, W.: Personalentwicklung, München 2012

Reich, A.: Hochschulrahmengesetz, Bad Honnef 2012

Repkewitz, U./Richter, A.: Personalrecht A–Z, Köln, Stand: August 2024

Reidelbach, D./Wieland, M./Fattler, N.: Das Tarifrecht im öffentlichen Dienst. Eingruppierung von A–Z. TVöD – TV-L, Köln, Stand: Juli 2024

Richter, A./Gamisch, A.: Der gescheiterte Weg zum Insourcing? Die neue Entgeltgruppe 1 im öffentlichen Dienst, AuA 2009, S. 360–363

Richter, A./Gamisch, A.: Die Alternative zum Stelleninterview. Das Training und Coaching der Führungskräfte, RiA 2010, S. 97–103

Richter, A./Gamisch, A.: Die Stellenbeschreibung als personalwirtschaftliches Führungsinstrument, DÖD 2012, S. 1–7

Richter, A./Gamisch, A.: Leistungsorientierung über beschleunigte und verzögerte Stufenaufstiege gemäß § 17 Abs. 2 TVöD/TV-L?, RiA 2008, S. 49–55

Richter, A./Gamisch, A.: Training und Coaching der Führungskräfte oder Stelleninterview. Königsweg zur Stellenbeschreibung, AuA 2011, S. 42–45

Richter, A./Gamisch, A.: Was kosten Stellenbeschreibungen im öffentlichen Dienst wirklich? – Richtig sparen, AuA 2010, S. 110–113

Scholz, C.: Personalmanagement, München 2014

Schwarz-Hahn, S./Rehburg, M.: Bachelor und Master in Deutschland. Empirische Befunde zur Studienstrukturreform, Kassel 2003

Siepmann, H.: Stellenbewertung für Kommunalbeamte, Köln 2010

Steinherr, F.: Auszuübende Tätigkeit, Eingruppierung und Direktionsrecht – eine Bestandsaufnahme anhand der Rechtsprechung des BAG, ZTR 2005, S. 303–310

Waldeyer, H.: Die laufbahnrechtliche Einordnung der Studienabschlüsse der Universitäten und allgemeinen Fachhochschulen, ZBR 2003, S. 17–28

Wienbracke, M.: Juristische Methodenlehre, Heidelberg 2020

Stichwortverzeichnis